乌合之众

——群体心理研究

〔法〕居斯塔夫·勒庞 著

胡小跃 译

Psychologie des foules
Gustave Le Bon

据The Echo library 2008法文版译出

目 录

译本前言　　　　　　　　　　　　　　001

序　　　　　　　　　　　　　　　　　011

引言——群体的时代　　　　　　　　　001

卷一　群体的心理

第一章　群体的一般特征　群体精神统一律　　011
第二章　群体的感情与道德　　　　　　021
第三章　群体的观念、推理和想象力　　041
第四章　群体的所有信仰都采取宗教形式　053

卷二　群体的主张与信念

第一章　群体的信念与主张的间接因素　　061
第二章　群体主张的直接因素　　　　　　081
第三章　群体领袖及其说服方式　　　　　095
第四章　群体信念与主张的变化范围　　　115

卷三 不同群体的分类及其特点

第一章 群体的分类	129
第二章 所谓犯罪的群体	135
第三章 重罪法庭的陪审团	141
第四章 选民群体	149
第五章 议会群体	159

注 解   179

译本前言

这本书原名《群体心理学》（*Psychologie des foules*），英文版改作《大众心理研究》（*A Study of the Popular Mind*），并加了一个主书名（*The Crowd*），中文版大多将其译为《乌合之众》。这个书名非常吸引眼球，而且恰到好处地反映了该书的主题和作者的情绪。

和往往宏篇大论的学术著作相比，《乌合之众》只能算是一本小书，但这本小书却是社会心理学研究领域的奠基作品之一，影响极大。弗洛伊德受其启发，对它评价甚高；不少政治家，如罗斯福、丘吉尔、戴高乐，也对作者崇拜有加，他们都从各自的角度在这本书中吸取了一定的思想营养。这本书至今已译成20多种语言，发行量就难以统计了。2010年，法国《世界报》与弗拉马里翁出版社联合推出了"改变世界的20本书"，其中就有《乌合之众》。在该丛书的总序中，主编马蒂厄·科雅夏指出："居斯塔夫·勒庞的《乌合之众》对群体心理学，对理解群体这一神秘现象有着很大的贡献。勒庞之所以获得巨大成功，是因为这个惊人的、不可思议的人物懂得如何表现同代人的忧虑与不安，以及他们面对某些现代现象而产生的困惑，这是社会心理学的奠基之作,也是一部出色的历史文献。"

居斯塔夫·勒庞(Gustave Le Bon 1841—1931),法国社会心理学家、社会学家、群体心理学创始人,有"群体社会的马基雅维里"之称。他出生于法国的诺让勒罗特鲁,中学毕业后到巴黎学医,1866年获医学博士学位后游历北非、亚洲和欧洲许多国家,写了一些游记和几本有关人类学和考古学的著作。他当过医生,并在万国博览会组委会工作过。1879年,他进入了巴黎的人类学研究中心,次年凭一篇研究大脑容量与理智关系的论文获得了戈达尔奖。1884年,他开始研究社会心理学,强调民族特点与种族的优越性,后来,他具有革命性和颠覆性的观点引起了研究中心的不满,他愤而辞职,成了独立的研究者,从此被排挤出官方的学术圈,但这种业余性质的研究练就了他的综合技能,让他在人类学、自然科学和社会心理学三个领域都有建树。1894年的他回应赫胥黎的《天演论》,发表了《民族演化的心理规律》,获得了成功。不过,给他赢得巨大名声、奠定他学术地位的还是次年出版的一本小书,也就是我们现在的这本《乌合之众》。

在勒庞之前,学者们往往都把目光对准英雄和领袖,很少有人把群体作为一个心理实体来研究。但19世纪中后期欧洲各国的社会政治运动让勒庞敏锐地感觉到,随着旧的宗教、政治和社会信仰遭到破坏,现代科技发明和工业进步创造了新的思想条件，一股新的力量正在崛起，它很快就会与别的力量联合起来，发展壮大，取代旧有的王权，进入政治生活。这就是群体的力量。

面对这股似乎将势不可当的新生力量，作为一个保守人士，勒庞的心中不乏恐惧、抵触和悲哀，认为这是西方文明衰落的标志；但作为一个学者，他又本能地意识到，研究群体的心理迫不容缓，意义重大，因为懂得群体心理学，"就像拥有一道强光，照亮了许多历史现象与经济现象。没有它，那些现象就很难看清"。要统治社会，首先必须征服群体，而要影响他们，就必须对他们的心理有正确的认识和把握。他认为以前对群体的研究非常不足，而且方法和角度都不对，所以研究完种族心理之后，勒庞立即着手研究群体心理。

勒庞所谓的"群体"，并不是普通意义上的大众或群众，在他看来，许多人偶然集合在一起，比如说市场上买菜的、看热闹的、小贩和保安，他们哪怕人数再多，也不构成群体。他所说的群体是一个特殊的心理整体，指的是受某一事件、演说、激情、恐惧、爱恨的刺激而聚集在一起，为某个目标或某些精神需求而有所行动的人。他们并不一定要同时出现在同一个地点，也不一定要人数众多，有时十来个人就足以构成一个群体。勒庞笔下的群体与弗洛伊德所说的"群氓"（horde）也不完全一样，"群氓"总是服从同一个领袖，而勒庞所说的群体只在某一时间段内，也就是在激情燃烧期间或事件发生的过程中忠于某一领袖。当促使他们聚集成群的刺激物消失时，他们也就不再听从这个领袖。

群体中的个人具有一人独处时所没有的特点，这些特点让人们一眼就能把他们分辨出来，勒庞把这种区别于他人的东西叫做"群体精神统一律"，也就是群体的精神灵魂。人一加入群体，原先的个性便会消失，他不再独立思考，而是随大流，无意识占上风，智力程度减弱，很难做出明智的事情。所以，勒庞说："只要属于有组织的群体中的一员，人就在文明的阶梯上倒退了好几步。"结群后，由于人多势众，个人会产生一种幻觉，感到自己力大无穷，不可战胜，好像没有什么事情是办不到的；又因法不责众，知道自己无论做什么坏事都不会遭到惩罚，所以也就不负责任。束缚个人行为的责任感一消失，人便会随心所欲，肆意妄为。一人独处时，他可能是个有教养的人；一旦加入群体，他便成了一个野蛮人，凶残，易怒，充满暴力。

在勒庞看来，群体的行为完全是无意识的，他们只服从自己所受到的冲动，常常受外来刺激因素和一时的激情影响，情绪变幻无常，思想和愿望都不能持久。而且，在实现愿望的过程中，他们不允许有任何东西挡道，"对于动不动就发怒的群体来说，狂怒才是其正常状态"。而且，在群体当中，任何情绪和行为都具有感染性，众人常被同样的感情所激动和振奋，很容易被别人的意见和主张左右和影响，这使得群体中的个人都有很强的从众心理，容易被人误导。他们游走于无意识的边缘，容易受到暗示，就像被人催眠一样，而暗示会通过传染迅速进入他们的大脑，让他们做出一人独处时不会做出的事情来。"并不一定要大家同时出现在某一地点才会传染。在某种事件的影响下，传染是可以远距离进行的。"这种事件把所有的人引到同一个方向，赋予他们群体的特征。由于群体不讲理性，做事不经过大脑，缺乏判断力和批评精神，所以显得极其轻信。对他们来说，没有什么是不可能的。感情和思想的简单化和夸大化使他们既不懂得怀疑，也不会犹豫，动不动就走极端，极易做出很坏的事情。

群体喜欢幻觉而不喜欢真理，理性对群体毫无影响，除非对他们无意识的感情起了作用。他们推理能力差，根本就不可能理解系统的逻辑推理，不会推理或者总是错误地推理；他们缺乏分析能力和辨别能力，分不清是非，不能对事情作出正确的判断。由于不会思考，不懂得推理，所以只拥有简单和极端的感情，"全盘接受或一概拒绝被暗示给他们的意见、主张和信仰，把它们当作是绝对正确或是完全错误的东西"。他们的感情强烈而极端，以至于在他们身上，同情很快就会变成崇拜，而厌恶一旦产生，就会变成仇恨。况且，他们对自己的力量并没有清醒的认识，因此显得既专横又褊狭，不能容忍矛盾和争论，而褊狭和盲从必然伴随着宗教感情，使他们臣服于强大的专制，崇拜心中的偶像，害怕强权者身上所谓的神奇力量。

勒庞笔下的群体形象相当负面,他们没有主见,缺乏头脑,常被人利用,充当炮灰;同时,他们又很暴力,很危险,极具破坏性,甚至常常犯罪。历史上的动荡和灾难很多都是在群体的配合和参与下完成的,"只有在群体的灵魂想让它发生的前提下,类似我刚才提到过的动荡才会出现。否则,最专制的人也无能为力",勒庞既肯定了群体的力量,也把动乱的原因推给他们:"再独裁再专制的人也只能是略微加速或延缓其爆发的时间,在此类的事件背后,总能找到群体的灵魂,而绝不是国王们的强大统治。"

但勒庞也清楚地看到,群体虽然理解能力差,但行动能力强;对他们产生影响的暗示会完全瓦解他们的理解力,但也可能很快就变成行动。受到暗示的群体,可以随时为了暗示给他们的理想而赴汤蹈火,如果被引导和利用得好,他们也会表现得大公无私、勇敢无畏、无比忠诚,不惜牺牲自己的生命,堪作高尚的道德典范。勒庞虽然畏惧群众运动和社会革命,对群体不抱好感,但也承认,如果没有他们,人类历史上将缺少很多精彩的篇章。他们是很盲从,经常成为领袖人物实现梦想的工具,但在群体时代,领袖人物只有代表他们的愿意,表达他们的诉求,才能得到拥护和支持。

过去,人们总以为人民群众喜欢变革,思想激进,革命性强。但勒庞却在书中一针见血地指出,由于受无意识的支配,群体很容易受到古老世袭制的影响,无条件地尊重和崇拜传统，厌倦动荡，激情过后便趋于保守，走向奴性。他们在骨子里是忠君守旧的，本能地害怕所有会改变他们生存状况的新事物。这种极为保守的本能，决定了他们不会长期革命。他们的不断变化只是表面上的，他们的反抗和破坏实际上持续的时间都很短暂。

同样，群体和民主也没有必然的关系，恰恰相反。他们缺乏主见，所以需要领袖，需要被管理、被领导。勒庞认为，"一定数量有生命的东西聚集在一起，不管是动物还是人，都会本能地处于一个首领的领导之下"，他发现，"群体是群温顺的羊，决不能没有首领"。聚集成群后，个人便失去了自己的意志，盲从、轻信、易受别人的暗示和影响，本能地走向某个有主见的强权人物，这样就很容易导致集权制，造成领袖的独裁。因此，勒庞在书中提醒大家要警觉专制的诞生和暴力的出现，指出历史上的群众运动最后常常走向专制和独裁。有人指责勒庞关于群体与领袖的理论曾被希特勒、墨索里尼等独裁政权所用，但戴高乐、丘吉尔、罗斯福也从中悟到了不少道理。事实上，勒庞给人们提供的是一些原始发现和基础理论，后来的许多研究都是在此之上完善和提高的，各个党派、各种团体根据自己的需要对其发挥和演绎。戴高乐《剑锋》中关于"刚强者"的论述就借鉴了勒庞的许多思想和观点，对于领导群众的艺术和方法，他们的看法也相当一致，都认为威望是成为领袖的必要条件。至于罗斯福，他受勒庞的影响就更大了。勒庞曾在《世界的失衡》中写道:"战争爆发前的两个月,我有机会遇到了他,那是在我的一个好朋友,昔日的外交部长阿诺托组织的午宴上。罗斯福先生亲自安排,把他想见的人安排在他的旁边……谈论了思想观点对民族领袖的取向所起的作用之后,罗斯福锐利的目光盯着我,用庄严的声音说:'有本小书我到哪里旅行都带着它。在我的总统任期内,它一直摆在我的桌子上。那本书就是你的著作:《民族演化的心理规律》。'"[1]

《乌合之众》的意义在于,勒庞首次阐明了社会心理学中的一些重要问题,研究了群体特征和种族特征的不同之处,指出了群众运动的性质,分析领袖与群众、民主与独裁的关系,书中的许多观点后来都得到了验证,也给后人的研究提供了借鉴和基础。弗洛伊德对这本书评价极高,认为这是一本"当之无愧的名著,极为精致地描述了集体心态",还说"勒庞先生的心理学与我们的心理学很接近"。美国心理学大师奥尔波特则认为:"在社会心理学领域已经写出的著作中,最有影响者,非勒庞的《乌合之众》莫属。"正如墨顿所说:"勒庞这本书具有持久的影响力,是群体行为的研究者不可不读的文献。"一百多年以后的今天,重读此书,我们会发现勒庞的许多观念仍未

---

[1]《世界的失衡》,居斯塔夫·勒庞,弗拉马里翁出版社,226页。——译注

过时，他的许多理论和分析对我们认识20世纪以来的许多大事，无论是世界大战还是众多的民主革命或群众运动，都有很大的意义；对于我们解读当今的许多社会政治问题也有很大的帮助。

当然，勒庞也有自己的局限，他的研究不够系统，分析不够深刻，观点有些片面，时有臆断和偏见甚至矛盾。他站在精英的立场上来看群体，对即将到来的群体时代感到恐慌，因为群众运动会造成巨大的动荡；民众选举经常是危险的，已经带来多次入侵；大众统治会让人付出更大的代价。勒庞是神秘主义种族论的支持者，认为文明在民族之间是不能传递的，因为它受种族精神的限制，所以，社会的更替不能通过彻底革命的办法，不能完全与过去决裂后再完全重建，而只能慢慢地改良，让时间来完成它的工作。他的这种保守观念和改良主义主张，自然会使他对群众运动和社会主义主张抱敌对心态。他对妇女、拉丁民族的蔑视，也显露出他的偏狭。

本书根据英国米德塞克斯大学回声图书馆（The Echo Library）的法文版译，参考了包括冯（克利）译在内的许多中文译本和部分英译本，受益匪浅。现有的中译本大多是从英语转译的，有的虽号称译自法语，其实恐非如此。由于这是百年前的著作，版本众多，流传甚广，各版本文字和编排有所不同，译本也会有出入。读者会发现，我的这个译本在许多地方与先前的译本不一样，甚至很不一样。为慎重起见，凡遇到出入较大的地方，我都请教了法国专家。必须说明的是，勒庞的这本著作并不是当作规范的学术著作来写的，有的地方显得比较随意，若干言词意义模糊，这也是造成译文多样性的原因之一，但这绝不能成为个别译本随意改写的借口。

胡小跃
2015年元旦

序

居斯塔夫·勒庞

在这一本书里,我们将研究群体心理。

遗传使种族中的每个人都具有某些共同的特征,这些共同特征的总和构成了种族心理。但观察发现,当这些个体中的一部分人为了采取某种行动而组成群体时,仅从这一聚集行为本身,就会产生某些与种族特征重叠的心理特征,这种新的特征有时甚至会与原有的特征大相径庭。

在民族生活中,有组织的人群总是在起重要作用,但这种作用从来没有像今天这么重要过。**群体的无意识行为取代了个体有意识的行为,这是现时代最显著的特征之一。**

我曾尝试用纯科学的方式来研究群体引起的最大的问题,也就是说,想找到一个办法,把观点、理论和学说统统放在一边。我相信,这是发现部分真理的唯一办法,尤其是像我们现在所讨论的这种情况,涉及一个大家都很关心的问题。一个学者,如果想证明某种现象,就不要去考虑这种证明会伤害谁的利益。杰出的思想家戈布莱·达尔维拉[1]在最近发表的一篇文章中认为,我不属于任何现代学派,有时与这些学派的某种结论背道而驰。我希望,我现在的这项新研究将来也能得到同样的评价。属于某一学派,就必然会带有偏见和成见。

不过，我得向读者解释一下，他为什么会看到我的研究结论并不像人们一开始以为的那样；比如，我发现群体在精神上极为低劣，甚至包括精英群体，却又说尽管如此，干涉他们的组织将是一件危险的事。

这是因为，对历史事实作了认真的观察之后，我发现，社会组织就像人体结构一样复杂，我们完全无法让它们突然经受深刻的变化。大自然有时是非常极端的，但决不像我们所理解的那样。所以，对一个民族来说，迷恋大变革是最可怕的事情之一。不管这种变革在理论上显得如何伟大。只有当它能立即改变民族的深层心理时，它才是有用的。然而，只有时间拥有这种力量。支配人类的，是思想、感情和习俗，是存在于我们自身的东西。制度和法律是人们内心精神的表现形式，反映了它的需要，既然是人们的内心精神诞生了制度和法律，制度和法律自然就无法改变它。

研究社会现象不能不研究造成这些现象的民族。从哲学上来说，这些现象可能具有绝对价值，但在实践中，它们却只有相对价值。

所以，研究某种社会现象，必须从两个极为不同的方面依次考察它。这样，人们就会发现，纯理性的东西给人的教诲往往与实践理性给人的教诲相反。这种区别适用于任何材料，甚至是自然材料。从绝对真理的角度来看，一个方，一个圆，都是不可改变的几何形状，由某些公式严格规定。然而从肉眼来看，这些几何形状可以具有非常不同的样子，随着视角的改变，立方形的东西可以变成锥形或方形的东西，圆可以变成椭圆或直线。考察这些虚幻的形状比考察真实的形状重要得多，因为这才是我们所看到的东西，才是照片或绘画能复制的东西。在某种情况下，非真实比真实更真实。用准确的几何形状来画物体，会让自然变形，让人们认不出它来。我们可以设想一下，如果有这么一个世界，居民只能复制和拍摄物体，却不能碰它，那对它的形状怎么可能有正确的概念？如果这种形状只有少数学者了解，那它的作用就太小了。

研究社会现象的哲学家应该牢牢记住，这些现象除了理论价值外，还有实践价值。从文明发展的角度来看，只有后者才有一定的重要性。认识到这一点，他会更加慎重地对待逻辑分析首先得出的结论。

另一个理由也会让他持这种保守态度。社会现实太复杂了，人们不可能全部掌握，也无法预见它们之间互相影响会产生什么结果。在这些看得见的事实后面，有时似乎隐藏着无数看不见的原因。看得见的社会现象好像是无意识巨大作用的结果，往往超出我们分析能力的范围。我们不妨把可见的现象比作海浪，它在洋面反映了我们所不知的海底激流的情况。大部分行为表明，群体在精神上往往十分低劣，但也有一些行为，似乎被古人称为命运、自然、天意，以及我们叫做死亡之声的神秘力量所支配，尽管我们尚不了解这些力量的性质，但不能无视其威力。有时，民族的内部深处好像也有潜在的力量支配着他们的行为，比如，还有什么比语言更复杂、更符合逻辑、更美妙的东西呢？如果不是来自群体无意识的思想深处，这种如此有组织、如此微妙的东西又来自何方？支配这些语言的规则，哪怕是最博学的学者、最受尊敬的语法学家也只能勉强记录，而绝对无法创造。甚至连那些伟人的天才主张，我们能百分之百地肯定是他自己创造出来的吗？这些思想很可能出自一些孤独者的头脑，不过，它们所诞生的土壤不是由无数尘埃堆积而成的吗？而群体的灵魂正是这些微尘。

群体也许永远是无意识的，但这种无意识本身，可能就是它力量强大的秘密之一。在自然界，绝对服从本能的生物，其行为会复杂得让我们不敢相信。理智是人类新近才有的东西，太不完美了，不能向我们揭示无意识的规律，更不能替代它。在我们的行为举止中，无意识部分占的比重很大，理智所占的比例却很小。无意识现在仍作为未知的力量在起作用。

如果我们只待在科学能够认识的狭小但安全的范围之内，而不去探索模糊的边缘地带，作哪怕是徒劳的假设，我们就只能发现我们所能看见的现象，并且局限于这种发现。从观察中得到的所有结论往往都是不成熟的，因为在我们看得清清楚楚的现象背后，还有我们看得不那么清楚的东西，甚至，在这些东西的后面，还有我们看不见的东西。

引言——群体的时代

现今这个时代的演变／文明的巨大变化是民族思想变化的结果／现代关于群体力量的信念／它改变了各国的传统政策／民众各阶层如何崛起，如何发挥他们的威力／群体力量的必然后果／群体只能起破坏作用／变得过于陈旧的文明是由它们解体的／关于群体心理学的普遍无知／研究群体对立法者和政治家的重要性文明发生变化之前的大动荡，比如说，罗马帝国的灭亡和阿拉伯王国的建立，初看起来好像主要是由重大的政治变化所决定的：外族的入侵或王朝的覆灭，但仔细研究一下这些事件就会发现，在这些表面原因的后面，往往另有他因，那就是民众的思想观念发生了深刻的变化。真正的历史大动荡不一定是最宏大、最暴烈的。唯一重要的变化，也就是引起文明更新的变化，发生在思想、观念和信仰上。历史上的难忘事件都是人类思想不可见的变化之可见的结果。如果说，大事件显得那么罕见，那是因为在一个种族中，没有比世代相传的思维定势更稳定的东西了。

现今是最关键的时代之一，人们的思想正在发生变化。

两个基本要素构成了这种变化的基础。一是宗教、政治和社会信仰遭到破坏，那是我们这个文明的组织成分；二是现代的科学和工业发明，创造了新的生存和思想条件。

旧思想尽管已被冲击得七零八落，但仍然十分强大，而应该替代它的新思想尚在形成之中。现今是一个过渡和混乱时期。

在这个时期，当然会有点喧嚣，现在很难说哪天会发生些什么。取代我们这个社会的社会将建立在什么思想基础之上？目前还不知道，不过，我们今天就能看到的是，要组织新的社会，就必须重视一股新的力量，也就是现阶段最强大的力量：群体的力量。那么多过去被认为是正确的思想如今已经灭亡，从它的废墟上，从被革命逐一破坏的权威当中，唯一崛起的就是这种力量。它好像很快就会联合别的力量。当旧的信仰全都动摇和消失，旧的社会支柱也相继崩溃，唯一不受威胁的就是这种群体的力量，其威望只会与日俱增。

我们所进入的时期将真正成为群体时代。

差不多一个世纪前，各种事件爆发的主要原因，是各国的传统政治和君主们的对抗。群体的意见微不足道，甚至根本无用处。今天，重要的不再是政治传统、统治者的个人倾向及他们之间的对决，相反，民众的声音占了上风。它支配着国王们的行为，他们得听它的指挥。决定民族命运的不再是君主们的智囊团，而是民众的意愿。

大众阶层进入了政治生活，其实是逐渐变成了统治阶级。这是我们这个过渡时期最显著的特征之一。事实上，这种政治更迭的特征并非普选，普选权在起初相当长一段时间里影响甚微，很容易掌控。群体力量的逐渐强大，首先是因为某些观念慢慢地深入人心并得到传播，然后是由于个人逐渐结为社团，以实现某些理论观念。通过结社，群体最终形成思想，意识到了自己的力量，这些思想如果不是非常正确，至少也对自己的利益态度坚决。他们成立了联合会，这类团体会让所有的权力都慢慢让步；劳工联合会无视任何经济法规，想决定自己的劳动条件和工资待遇。他们的代表进入了支配政府的议会，代表们并没有什么主动权和独立性，往往只是机构派出的代言人。

今天，群体的要求越来越明确，不把现存社会完全摧毁就誓不罢休，它想把社会带回到原始共产主义，那是文明出现之前所有人类组织的常态。限制工作时间，没收矿产、铁路、工厂和土地，平均分配所有的产品，消灭上层社会，为大众阶层服务等等，这就是他们的诉求。

群体不擅讲理，却善于行动，通过现在的组织，他们的力量壮大了。我们今天看到的这些新产生的信念很快就会拥有旧信仰那样的力量，即至高无上的力量。凡事不再经过讨论，群体的巨大权力将取代君主们的神圣权力。

作家们站在现在的资产阶级一边，思想有点狭隘，目光有点短浅，怀疑主义有点表面，自私主义有时却过分强大，他们最能代表资产阶级。面对眼看着壮大起来的新势力，他们显得十分恐慌。为了澄清混乱的头脑，绝望之下，只好求助于他们曾极其蔑视的教会的道德力量。他们在罗马忏悔，回来后跟我们大谈科学的失败，提醒我们要去了解所发现的真理。但这些新的皈依者忘了，现在已为时太晚，如果说上帝果真能把恩惠赐施到他们头上，他对群体却不再有同样的力量。困扰这些新信徒的事情，群体并不关心，他们今天不想再需要他们昨天就不想要、并且协同破坏的神灵。没有任何神和人能让河水倒流至源头。

科学并没有遭到任何失败，在目前这种思想混乱的状况下，在通过这种混乱壮大的新力量中，它并非毫无作用。它许诺给我们真相，至少能让我们明白我们的智力所能理解的各种关系。但它从来没有许诺我们和平与幸福，它对我们的感情无动于衷，听不见我们的哀号。我们必须努力与它共处，因为没有任何东西能夺回被它赶走的幻想。

各民族中都显而易见的普遍迹象告诉我们，群体力量在迅速增长，我们不敢说，这种增长很快就会停止。不管它给我们带来什么，我们都得忍受，任何反对它的论调都是徒劳的。当然，群体势力的崛起也可能标志着西方文明走向没落，完全回到无政府时期。每个新社会的诞生似乎都以这种混乱为前奏，但我们又怎么才能阻止它呢？

迄今为止，彻底摧毁过于残旧的文明成了群体最明确的任务，其实，并不是到了今天它才担此角色。历史告诉我们，一种文明，当它赖以生存的道德力量失去影响时，它最后也就被那些无意识的粗暴的群体解体了，用"野蛮"二字来形容群体是恰如其分的。在这之前，文明仅由有知识的贵族创造和掌握，而绝非群体，群体只有破坏力，它们的统治永远代表着野蛮阶段。每种文明都有一定的规则，有纪律，有远见，有文化，从本能过渡到理性。群体总是在表明，这些条件仅靠它们自己是绝对无法满足的。群体只有破坏的能力，它们就像细菌，加速病体或尸体的解体。当文明的大厦被虫蛀时，让它轰然倒塌的，永远是群众。只有在那个时候，群体的真正作用才显现出来，人数的多少似乎成了唯一的历史法则。

我们的文明也如此吗？这正是我们所担心的，但也是现在我们还不知道的事情。

无论如何，我们都得屈服和忍受群体的统治，因为那些缺乏远见的人已经在用双手一一扫除可能阻碍他们的任何障碍。

关于群体，现在人们谈得很多，但我们对它认识甚少。职业心理学家们的生活与它相距太远，总是对它缺乏了解。到了关注它的时候，他们都是以它可能犯了罪的角度来研究的。犯罪的群体无疑是存在的，但也有道德高尚的群体、英勇的群体以及许多别的群体。群体犯罪只是群体心理学中的特殊情况。只研究群体的罪行并不足以认识群体的心理构成，正如光研究个人的恶行不足以认识其心理活动一样。

不过，说实话，世上所有的伟人，所有宗教的创始人或帝国的缔造者，所有信仰的使徒，杰出的国家领袖，如果把范围缩小一点，小团体中的小领导，他们都是不自觉的心理学家，对群体的心理有本能但可靠的认识。正因为这种了解，他们才如此轻易地当了领导。拿破仑[2]相当了解他所统治的群体的心理，但有时却完全不了解其他种族的心理[3]。正因为这种不解，他才在西班牙，尤其是在俄国发动了战争，力量受挫，结果被很快打败。[4]

认识群体的心理，今天已成了想——不是想统治它们，统治它们现在已相当困难——不受它们支配的政治家的最后办法。

只有更加深入地了解群体的心理，才能懂得法律和制度对它们是多么没有用处；它们从来没有自己的主张，只接受别人强迫给它们的观点。不能跟它们在理论上空谈平等，用规章制度来领导它们，而是要研究什么东西能打动它们、吸引它们。比如说，立法者想增加一个税种，他会选择理论上最正确的税种吗？绝对不会。对群体来说，最不公正的东西在现实生活可能是最好的。如果它同时还很不显眼，表面上看来很轻松，那就更容易被接受。所以，间接税不管多么过分，总是能被民众所接受，因为天天几分钱几分钱为消费品纳税，不会影响他们的习惯，不会引起注意。如果我们代之以按工资或其他收入比例来纳税，要一次付清，即便理论上比别的税轻十倍，也会引起一致的反对。不是每天支付一点点，而是要在规定的日期缴纳，数额相对就较大，看起来很多，因此也比较惊人。一点点支付，税才不会显得太重。然而，这种节约手段需要一定的远见，这是群体所缺乏的。

这个例子再简单不过了，对不对一目了然，它没能逃脱像拿破仑这种心理专家的眼睛。但不了解群体心理的立法者却看不到。经验尚不足以告诉他们：人绝对不会只根据纯理性来做事。

群体心理学还可用于其他许多方面。懂得了它,就像拥有一道强光,照亮了许多历史现象与经济现象。没有它,那些现象就很难看清。我将有机会指出,像泰纳[5]先生这样杰出的现代史学家,有时都没能完全明白我们这场大革命中的事件,那是因为他从来不曾想过要研究群体的心理。在研究这个复杂时期的时候,他把自然主义者的写实办法当向导了。而在自然主义者要研究的现象中,根本就没有道德的力量,而恰恰是那种力量构成了历史的真正动因。

哪怕只考虑到实用的一面,甚至是纯粹出于好奇,群体心理也值得研究。弄清人们的行为动机,和探明矿产或了解植物一样有趣。

我们对群体心理的研究,只是我们的研究工作的一个简短综述,只要求它给我们一些建设性的角度和观点,其他人会更深入地沿着这条道路挖掘。今天,我们只在满目荒芜的处女地开辟一条道路。

卷一　群体的心理

第一章　群体的一般特征　群体精神统一律

从心理学的角度来看群体的构成／许多个人聚集在一起不足以构成群体／心理群体的特点／群体中的个人的思想与感情朝固定方向发展及其个性的消失／群体永远受无意识支配／大脑活动的消失和脊椎活动的得势／智力的下降和感情的彻底变化／变化后的感情可以比群体中的个人的感情更好或更糟／群体容易成为英雄，也容易犯罪

"**群**体"这个词通常是指许多个人聚集在一起,无论其国籍、职业和性别,也不管是什么偶然事件把他们聚集在了一起。

从心理学的观点来看,"群体"一词则有完全不同的意义。在某种特定的情况下,也只有在这种情况下,一群人拥有了新的特征,它完全不同于组成这一人群的个人特点。自觉的个性消失了,大家的感情与思想朝着同一个方向发展,形成了一种集体心理,它也许是暂时的,但特点相当明显。于是,集体就成了这么一种东西,由于找不到更好的说法,我便把它叫做有组织的群体,或者,如果大家愿意,也可以说是心理群体。它成了一个单独的存在,服从于"群体精神统一律"。

显然,并非许多人偶然聚集在一起就会获得有组织的群体之特征。从心理学的观点来看,没有任何明确的目标,即使千百人偶然聚集在公共广场上,也谈不上是一个群体。要获得群体的特征,必须受到某些东西的刺激和影响。我们接下去会讨论它们的性质。

自觉的个性消失和感情与思想朝某个既定的方向发展，这是群体正在形成的最初特征，它并不总是要求许多个体同时出现在某个地点。有时，在某种强烈感情的影响下，比如说国家发生了大事，成千上万人虽然分处多地，也能获得心理群体的特征。那时，任何一个偶然事件就足以把他们聚集起来，让他们的行为立即就具有群体行为所固有的特征。在某些情况下，六七人就能形成一个心理群体，而如果是偶然聚集在一起，哪怕是数百人也不能成为群体。此外，在某种影响的作用下，整个民族不一定要明显地聚集在一起也能成为群体。

心理群体形成后，便会获得某些普遍特征，它们虽然短暂，却很明确。除了这些普遍特征之外，还有一些次要特征，它们会根据组成群体的成员的不同而不同，而那些成员则会改变群体的精神结构。

所以，心理群体是可以划分的，当我们研究不同类型的群体时，我们会发现，异质性群体，也就是由不同成分组成的群体，与同质性群体，即由多少有点相同的成分（派别、阶层和阶级）组成的群体，二者之间有某些共同的特点。除了这些共同的特点，还有一些不同的特点把它们区分开来。

不过，在考察不同类型的群体之前，首先应该考察它们所共有的特征。我们将像博物学家那样，从描述族系中每个人都共有的普遍特征开始，然后才来研究把该族系各种类型区分开的个别特征。

要准确地描述群体心理并不容易,因为其组织不仅随群体的不同种族和构成发生变化,也随支配群体的刺激因素的性质和程度而变化。不过,即使对个人进行心理研究也会碰到同样的问题。只有在小说中才能看到一成不变的人物性格。只有单一的环境才会造就明显的单一性格。我曾在其他地方指出,所有心理结构都包含着各种特征的可能性,环境一旦变化,这些特征便会表现出来。所以,在最残暴的国民公会[6]议员中,有些原是善良的有产者,一般情况下,他们可能是和和气气的公证人或道德高尚的公务员。风暴一过,他们又恢复了心平气和的有产者的正常特征。拿破仑就在这些人当中找到了最顺从的臣民。

由于在此无法研究所有组织程度不一的群体,我们将重点考察组织处于完成阶段的群体。这样,我们将看到它们会变成什么样子而不是它们一直以来的样子。也只有在这个高度组织化的阶段,在种族基础稳固、局势可控的情况下,某些新的特点和原有的特点才能并存,集体的所有感情和思想才能朝着某个相同的方向发展。也只有在这个时候,我刚才所说的"群体精神统一律"才会发挥作用。

在群体的心理特征中,有些可能与独处的个人有相同之处;另一些则相反,完全为群体所特有,只有在群体当中才见得到。我们首先要研究的就是这些特点,以便更好地揭示其重要性。

心理群体所表现出来的最惊人的事实如下：不管是什么人组成了这个群体，不管他们的生活方式、工作、性格或智力相似与否，只要他们形成了群体，他们就拥有了一种集体心理，这种心理让他们换了一种方式来感觉、思考和行动，这与他们一人独处时的感觉、思考和行动的方式完全不同。有些思想和感情，只有当个人处于群体中的时候才会出现或付诸行动。心理群体是一种由异质成分组成的临时组织，在一段时间内结合在一起，非常像组成一个生命体的细胞，众多细胞聚集在一起，创造了一个新的生命，表现出与单个细胞完全不同的特征。

与赫伯特·斯宾塞[7]这样深刻的哲学家的观点不同，人们惊讶地发现，在构成群体的人群中，根本没有因素的总和与平均值，只有新特征的组合和创造，就像在化学中，把某些成分放在一起，比如说碱和酸，它们组合后会形成一个新实体，其属性已经与原来的物质完全不同了。

我们很容易发现，变成群体的个人与独处的个人大不相同，但要找出造成这种差异的原因却不那么容易。

哪怕是想管窥这些原因，也得首先记住现代心理学的这一发现，即无意识现象不仅在有机体的生活中，而且也在智力活动中起着绝对重要的作用。与无意识的生活相比，有意识的精神生活只占很少的一部分。哪怕最精明的分析学家，最敏锐的观察者，也只能发现一丁点儿无意识的动机在指导着他。有意识的行为源自无意识的深层结构，而这种结构的基础主要是受遗传的影响创造出来的,它包含了先祖遗留下来的许多东西,正是这些东西构成了种族的灵魂。我们的所作所为,除了自己承认的原因,也许还有我们不承认的秘密原因,但在这些秘密原因的后面,还有许多更秘密的原因,因为我们连自己也不知道。我们的大部分日常行为都是我们没有发现的隐蔽动机之结果。

组成种族心理的主要是无意识的因素,这些因素在这个种族的每个人当中都是相同的。而他们的区别,主要在于有意识的因素,那是教育的结果,尤其是不同遗传的结果。人在智力上相差很大,却会有非常相似的本能和感情。在感情方面,宗教感情、政治感情、道德感情以及爱憎方面,最杰出的人物也不见得比最普通的人做得更好。就知识而言,在大数学家和一个鞋匠之间可能存在着天壤之别,但就性格而言,他们的区别微乎其微,甚至往往可以忽略不计。

然而,在群体中被变成共性的,正是性格中的普遍品质。这些品质受无意识的支配,种族中的大部分正常人差不多都不同程度地拥有。**在集体心理中,个人的智力差异削弱了,个性也消失了。异质淹没在同质中,无意识的特点占了上风。**

正是这种被变成共性的普通品质告诉我们,群体永远无法完成要求知识水平较高的事情。有关群体利益的决定是由杰出人群组成的议会作出的,但他们的专长各不相同,他们作出的决定也并不比一群傻瓜作出的决定高明多少。事实上，他们只是把大家都拥有的这种平庸特性共同化，在群体中，积聚的是蠢事而不是智慧。正如大家常说的那样，并不是所有人都比伏尔泰[8]聪明，而可以肯定的是，伏尔泰比所有人都聪明，如果此处的"所有人"指的是群体。

但如果群体中的个人只满足于把各自的普通品质集中在一起，那只会是制造平庸，而不是像我们所说的那样创造出新的特点。那么，那些新的特点是如何诞生的呢？这就是我们现在要研究的问题。

群体的这些特征在个人独处时并不具备，它是由许多原因决定的。第一个原因是群体中的个人仅因人多势众，就会感到有种不可战胜的力量。这种力量会让他感情用事，而他单独一人时肯定会有所收敛。群体无名无姓，因此可以不负责任，当束缚个人行为的责任感完全消失时，人便会肆意妄为。

第二个原因是传染性，它也会影响群体，决定群体会表现出什么特点，有什么取向。传染是一种很显然的现象，但难以解释，它应该跟我们待会儿要研究的催眠现象差不多。在群体中，任何情绪、任何行为都具有传染性。这种传染性强烈得很容易使个人为了集体利益而牺牲自己的利益。那是一种与他本性大不相同的态度，只要属于群体，他就会身不由己。

第三个原因，也是最重要的原因，它决定了群体中的个人有时会呈现出与他独处时完全相反的特性。我指的是容易接受暗示，我们刚才提到的传染性正是这一特点的结果。

要弄懂这种现象，就必须了解心理学领域的某些新发现。今天，我们已通过各种方式得知，个人在失去自己有意识的个性时，会服从引导者的心理暗示，做出与自己的性格和习惯完全不同的事情。然而，仔细观察一下似乎就可发现，在有所行动的群体中浸淫一段时间的个人，受其中散发出来的气息的影响，或出于我们所不知的原因，很快就会处于某种特别的状态，与被催眠的神奇状态十分相似。被催眠者的大脑行动瘫痪了，服从脊髓的无意识行为，任由催眠师随意指挥。有意识的个性完全消失，也没有了意愿和分辨力。所有的感情和思想都朝着催眠师决定的方向走。

心理群体中的个人差不多就是这样的情况，他再也意识不到自己的行为。像被催眠者那样，在他身上，在某些能力被破坏的同时，另一些能力兴奋到了极点。在某种暗示之下，他会不顾一切地去完成某些事情。群体中的个人比被催眠者更加奋不顾身，因为那种暗示对群体中的每个人都是一样的，它会互相影响，所以显得格外强烈。群体中，人们的个性很少能强大到足以抵抗暗示，逆流而上。他们最多只能根据不同的暗示另辟蹊径，所以，一句动听的话，一个被唤起的相关形象，有时就能让群体避免极为血腥的行为。

所以，有意识的个性消失，无意识的个性得势，感情和思想通过暗示和传染，被引到某个方向，可能立即就会把所暗示的思想变成行动，这就是群体中的个人的主要特征。他已经不再是他自己，而是成了不能控制意识的木偶。

因此，**只要他属于有组织的群体中的一员，他就在文明的阶梯上倒退了好几步**。一人独处时，他可能是一个有教养的人；在群体当中，他便成了一个野蛮人，一个凭本能行事的人。他会变得无法自控，充满暴力，凶猛残暴，随心所欲，容易冲动，具有原始人那样的英雄主义，很容易受语言和形象的影响——群体中的个人如果一人独处，就丝毫不会受到这样的影响——做出与自己的利益和习惯完全相反的事情。群体中的个人是沙漠中的一粒沙子，风想把它吹到哪里就可以吹到哪里。

正因为如此，人们看到，每个陪审员都反对的判决，陪审团通过了；每个议员都反对的法律和措施，议会采纳了。国民公会的成员独处时都很有教养，平心静气，可一旦结群，他们就毫不犹豫地支持最残忍的建议，把无辜者送上断头台，违背自己的利益，放弃神圣不可侵犯的权利，互相残杀。

结群的个人并不仅仅在行为上与原先的自己有巨大区别，甚至在失去所有的独立性之前，他的思想和感情就已经发生了变化。这种变化大得可以把挥霍者变为吝啬鬼，把怀疑论者变成信徒，把诚实者变成罪人，把懦夫变成英雄。1789年8月4日那个著名的夜晚[9]，贵族们一时激动，投票放弃了自己的特权，这是每个贵族独处时都绝对不会接受的。

综上所述，**群体在智力上总是劣于独处的个人**，不过，从情感的角度以及这种情感引起的行为来看，群体会根据情况的不同表现得更好或更糟。一切都取决于群体被暗示的方式。仅从犯罪的角度研究过群体的作家们感到完全陌生的，正是这一点。群体确实经常犯罪，但往往也是英雄，为了信仰或主张而敢于牺牲的主要也是群体。人们以光荣和名誉来激起他们的热情，就像十字军东征[10]时期那样，让他们赤手空拳、腹中空空地投入战斗，把背叛者赶离耶稣之墓；或像九三年[11]那样，捍卫祖国的领土。这种英雄主义有点无意识，也许吧，但历史正是用这种英雄主义书写的。如果人民干大事之前都要深思熟虑，那他们在历史上留下的记录就会少得多。

第二章 群体的感情与道德

1. 群体的冲动、多变与易怒 / 群体受各种外在刺激因素左右，反映着它们无穷的变化 / 它所服从的冲动十分强大，以至于个人利益被抛诸脑后 / 群体做什么事都不经过大脑 / 种族的影响 / 2. 群体易受暗示、轻信 / 群体服从暗示 / 在大脑中激起、唤起的形象被它们当作是真实的东西 / 为什么这些形象对群体中的所有人都一样 / 群体中的博学者和白痴处于同等水平 / 群体中的个人受到幻觉影响的各种例子 / 不能相信群体的证词 / 许多证人众口一词的证词最容易混淆是非 / 史书的价值不高 / 3. 群体感情的夸大化和简单化 / 群体不懂得怀疑也不会犹豫，总是走极端 / 他们的感情总是很夸张 / 4. 群体的褊狭、专横和保守 / 这些情感的理由 / 群体屈服于强权 / 群体一时的革命本能并不妨碍他们成为极端的保守分子 / 他们本能地抵制变化和进步 / 5. 群体的道德 / 群体的道德可以根据不同的暗示比群体中的个人的道德高得多或低得多 / 解释与例子 / 利益很少能左右群体，而它却往往是独处的个人的唯一动力 / 群体的道德净化作用概括地指出了群体的主要特征之后，我们就要来详细分析它们了。

人们会注意到，在群体的特征当中，比如冲动、易怒、不懂得思考、缺乏判断力和批评精神、夸大感情，等等，有许多在进化状态比较低的人当中也会见到，比如妇女、野蛮人和儿童。不过，这方面的相似性，我只顺便提一下，要详加解释恐怕就超出本书的范围了。而且，这对了解原始人心理的人来说纯属多余，而对不懂这种心理的人来说，这种解释也很难说服他们。

现在，我将一一分析我们在大部分群体中都能发现的各种特点。

1. 群体的冲动、多变与易怒

我们研究群体的基本特征时说过，群体的行为几乎是完全无意识的，其行为更容易受脊髓而非脑髓的影响。在这方面，它与原始人很接近。他们可以把事情做得很完美，但不经过大脑，而是受刺激因素的影响。群体受各种外在刺激因素的支配，反映着它们无穷的变化，服从自己所受到的冲动。独处的个人也会受到群体中的个人所受到的那种冲动的影响，但由于他的大脑会向他显示这种影响会造成不适，所以他不会接受。我们可以用心理学的术语来说明这个意思：**独处的个人能控制自己的反应能力，而群体却缺乏这种能力。**

群体所服从的各种冲动，根据刺激因素的不同，可以是慷慨的，也可以是残忍的；可以是充满英雄气概的，也可以是懦弱的，但它们永远都将那么强大，以至于个人的利益、自我保护意识都无法与它匹敌。

能使群情激奋的东西很多，群体总是服从它们，然后行动起来，所以，我们看到它有时显得极为血腥残暴，有时又极为慷慨和壮烈。群体很容易变成屠夫，但也很容易成为殉道者。每种信仰要征服世界都必须血流成河，而流血的就是群体。用不着追溯到英雄年代就可以看到这一点。从这个观点来看，群体是什么事都做得出来的。在参加暴动的时候，他们从来不会考虑自己的生命。就在不久之前，有一个将军突然成名了，如果他愿意，他能轻易找到十万人奋不顾身地为他的事业而战斗[12]。

所以，群体做什么事都不经过大脑。它会从感情的这一头滑到另一头，永远受当时的激情所支配。它就像是狂风吹起的树叶，到处乱飞，最后又落到地上。我们将研究若干革命群体，通过几个例子来说明他们的感情变化是多么厉害。

群体的这种多变性使其很难管理，尤其是当一部分公共权力落到他们手中的时候。如果不是日常生活所需在背后悄悄地进行调节，民主肯定不能持久。群体狂热渴望某种东西，但不会渴望得太久。他们的思想不能持久，他们的愿望也同样。

群体不单容易冲动和多变，他们也像野蛮人一样，在实现愿望的过程中容不下什么障碍。由于人多势众，他们觉得自己力大无比，所以就更是这样。对于群体中的个人来说，没有什么事是不可能的。而独处的个人则会清醒地意识到，凭一己之力，是不可能烧毁宫殿、抢劫商店的，即使偶尔闪过这个念头，也会很快打消。但加入群体之后，他便意识到了人数众多产生的力量。只要暗示他去杀人和抢劫，他会马上行动，任何艰难险阻都不在话下。如果人体可以长期狂怒，我们可以说，对于动不动就发怒的群体来说，狂怒才是其正常状态。

在群体的易怒、冲动、多变以及我们要研究的所有大众感情中，总会涉及种族的基本特点。这是一块永远不变的地面，上面萌生出我们的各种感情。毫无疑问，所有的群体都是易怒和冲动的，但程度大不相同。比如，拉丁群体与盎格鲁－撒克逊[13]群体之间的区别就十分惊人。最新的历史事实清楚地表明了这一点。二十五年前，只需公开一封大使受辱的普通电报就可使群情激奋，并马上引发一场大战[14]。几年后，电报告知在谅山打了一场小小的败仗[15]，结果引发一场新的震怒，顷刻间颠覆了政府。而与此同时，英国远征军在喀土穆遭到了一场严重得多的惨败，却没有在英国激起太大的波浪，没有一个内阁因此而倒台。群体在任何地方都阴气十足，其中尤以拉丁族裔群体为甚。依靠群体可以很快地飞黄腾达，但老是行走在悬崖边缘，总有一天会坠入深渊。

2. 群体易受暗示、多变和轻信

在给群体下定义的时候，我们说过，群体的普遍特点之一是容易受到暗示。我们曾指出，在人类的任何群体，暗示都具有传染性，这也说明感情为什么会朝着某个既定的方向迅速转变。

如果说群体是中性的，它又往往期望受到关注，这就相当容易受到暗示，任何暗示都会通过传染立即进入人们的大脑，于是方向马上就确定了。受到暗示的人全都一样，侵入大脑的思想会变成行动，不管是烧宫殿还是尽忠孝，群体都会毫不犹豫。一切都取决于刺激因素的性质，而不再像个人独处时那样，取决于被暗示的行为与抵制这一暗示的全部理由之关系对比。

所以，群体总是游走于无意识的边缘，很容易受暗示的影响，它像那些对理智没有反应的人那样，感情粗暴，缺乏批评精神，只能极其轻信。对他们来说，没有什么是不可能的。不懂得这一点，就难以理解为什么那么离奇的传说和故事会如此容易地诞生和流传[16]。

那类神话能如此轻易地在群体中流传，不完全是因为轻信，更因为群体的想象会让事件大大走样。群体会把自己看到的最简单的事情都弄得面目全非，他们通过形象来思考，而被涉及的形象本身又涉及一系列与它没有任何逻辑关系的形象。这种状况不难理解，只要我们想一想，有时我们随便提到什么事情，便会冒出一连串奇怪的念头。理智告诉我们，在这些形象中，有些不可信的成分，但群体根本就看不到。被想象歪曲的东西与真实的事件混为一谈，群体根本就不管客观不客观，他们会把头脑中唤起的形象当作是真的，而这些东西往往与实际情况相距甚远。

群体歪曲自己亲眼见到的事情，这样的例子数不胜数，各式各样，因为组成群体的成员，每个人的性情都不太相同。但这没关系。由于传染，对所有的人来说，这种歪曲都是同样性质，同一方向。集体中的某人首先进行歪曲，成了传染暗示的核心。圣乔治[17]出现在耶路撒冷的墙上，所有十字军战士都看见了，但在这之前，肯定只有一个在场者看见。通过暗示和传染，一个人发现的奇迹很快就会被众人所接受。

历史上如此常见的集体幻觉，机制总是这样的。这些幻觉似乎具有真实的一切基本特征，因为那是成千上万人亲眼见证的现象。

要同上述现象作斗争，就不能指望群体中的个人的精神质量，这种质量是无关紧要的。他们一旦结群，无论是文盲还是学者都会失去观察能力。

这一论断看起来似乎很矛盾。要透彻地说明它，必须回顾大量的历史事实，要有很多书才行。

但我不想给读者留下空口无凭的印象，所以将从可以引用的大量例子中随便举出几个。

以下事实是最典型的例子之一，因为它所选择的集体幻觉涉及由各类人组成的群体，有很无知的，也有文化水平很高的。讲述者是大副朱利安·菲里克斯，是他在写海流的书中顺便提到的。这个故事以前曾由《科学杂志》转载。

大型驱逐舰"美少女"出海寻找被狂风吹散的护卫舰"小摇篮"。那是一个大白天，天气晴朗。突然，负责瞭望的水手发现，有条小船在发失事信号。官兵们都朝发出信号的地方望去，他们清楚地看到几条小船拖着一条站满了人的木排，船上悬挂着表示发生海难的旗帜。然而，这不过是一种集体幻觉——德斯福赛上将派出一条小艇飞速赶往失事地点营救，靠近的过程中，艇上的官兵们看见"许多人走来走去，伸出手，还听见许多杂乱而响亮的声音"。但小艇到了之后，他们才发现那不过是一些挂着树叶的树枝，是从附近的岸上掉到海里的。面对如此明显的事实，幻觉消失了。

这个例子清楚地告诉了大家，我们刚才解释过的集体幻觉是如何造成的。一方面，群体处于观望和期待状态；另一方面，大家又受瞭望员的暗示，说是有船在海上遇难。这种暗示通过传染，让所有的目睹者，也就是舰上所有的官兵都接受了。

一个群体，要失去实事求是的能力，让真实的东西被跟它毫无关系的幻觉所代替，并不需要很多人。几个人聚在一起就构成了群体。那时，即使是杰出的学者，面对专业以外的东西，他们也会表现出群体的所有特征，每个人的观察能力和批评精神都消失了。达维先生，一个机敏的心理学家，给我们提供了一个很有意思的例子，刊登在最近的《心理学年鉴》上，值得在此一提。他曾召集一群杰出的观察家开会，其中有英国一流的学者华莱士先生。他让大家观察了物体，自由挑选印章盖上，然后当着他们的面演示了传统的精神现象：灵魂显形，并在石板上记录下来。这些杰出的观察家后来在报告中都肯定，他们所观察到的现象只能通过超自然的方式造成。但达维先生告诉他们，那是作弊的结果，他动了一个小小的手脚。"达维先生的调查，其最惊人之处，"叙述者写道，"不是天衣无缝的技巧本身，而是缺乏经验的见证者提供的报告极不可信……所以，"他说，"见证者即使人数众多，也会完全弄错，这就得出这么一个结论：如果人们认为他们的描述是正确的，就不能用作弊来解释他们所描述的现象。达维先生发明的办法简单得让人惊讶，他竟然那么大胆，敢使用这种办法。但他对群体的影响太大了，可以让他们以为看见了其实并没有看到的东西。"这仍属于催眠师的催眠术，但看见这种本领用在头脑发达的人身上，而且事先就让他们有所怀疑，大家可想而知，让普通群体产生幻觉是一件多么容易的事情。

类似的例子数不胜数，在我写这几行字的时候，各报都刊登了在塞纳河淹死的两个小女孩被拖上岸的消息。这两个孩子先是被十来个证人言之凿凿地认了出来。大家都那么肯定，以至于预审法官也认为毫无疑问，于是便签发了死亡证明。可就在人们准备埋葬她们的时候，大家意外地发现，被认为已经死亡的那两个女孩依然活着，而且与被淹死的小女孩长得并不像。正如在此之前所举的许多例子一样，第一个证人因为产生幻觉而作出的肯定判断，足以暗示其他所有人。

在类似的情况下，暗示的出发点永远是某个人由于记忆或多或少有点模糊而造成幻觉，这种原始的幻觉得到确认后传播开去。如果第一个观察者过于轻信,觉得已经认出尸体具有某些特征——除了真正的相似之处——一个伤痕,或衣着上的细节,往往就足以引起别人的联想。这种联想可能会成为某种同感的核心,瓦解大家的理解力,麻痹质疑的能力。而那个观察者所见的,不再是物体本身,而是在自己头脑中被唤起的形象,所以,就连孩子们的母亲也认错了尸体。以下情况就是如此,虽然是过去的事情了,但最近还在报纸上提起。大家从中可以清楚地看到我刚才解释过的两类暗示。

> 被另一个孩子认出来的那个孩子——弄错了,于是开始了一系列错误的辨认。

人们发现了一件很奇特的事情。某小学生把他认出来的第二天,一个妇女就大喊起来:"啊,天哪,那是我的孩子!"

人们把她带到尸体旁边,她检查了一下,发现额头上有个伤疤。"就是他,"她说,"我可怜的儿子,7月份失踪的。有人把他从我这儿拐走,然后杀死了他。"

这个妇女是福尔路的一个看门人,叫沙旺德莱。她闻讯赶来的堂兄也毫不犹豫地说:"就是小菲力贝。"街上的许多居民都认出在维莱特发现的那个孩子就是菲力贝·沙旺德莱,更不用说他的小学老师。对这位老师来说，记号是一枚奖章。

然而，邻居们、堂兄、小学老师和母亲全都弄错了。六个星期之后，孩子的身份弄清了。那是波尔多的一个孩子。他是在波尔多被杀的，被人用车运到了巴黎[18]。

人们注意到，作出这类指认的往往是妇女和儿童，也就是说，最容易轻信的人。这事同时也告诉我们，这种证明在法庭上并没什么价值。尤其是孩子，他们的指认不应该被采纳。法官们不断地说，在那个年龄，人不会撒谎。稍微学过一点心理学的人都应该知道，恰恰相反，在那个年龄，人往往撒谎，也许那种撒谎是无辜的，但仍然是撒谎。判决一个被告，宁可掷硬币猜正反来决定，也不要相信孩子的证词，这是经过无数事实证明的。

还是回到群体的观察这个问题上来吧！我们最后的结论是：**集体观察是错误率最高的，它往往只是某个人的幻觉，通过传染，暗示给别人。**我们可以举出无数事例来说明，对群体的证据要特别警惕。二十五年前，成千人在色当战役[19]中参加著名的骑兵团进攻，然而，面对极为矛盾的证词，没有人知道进攻是由谁指挥的。在最近出版的一本书中，英国将军沃尔斯利证实，关于滑铁卢战役的重大事实，人们以前犯了许多大错，而那些事实是数百证人亲眼见证的。[20]

这类事实告诉我们群体的证词价值几何。逻辑学论文引用了许多证人众口一词的意见,证据充分得完全可以用来证明事实确实如此。但有关群体心理学的知识告诉我们,逻辑学论文在这一点上要完全重写。越多人证明的事件越不可靠。说某事是成千人同时看见的,这往往意味着事实真相与人们所说的大相径庭。

由此清楚地表明,必须把史书当作是纯粹想象的产物。那是一些没有看清楚的事情,凭空想象,加上事后的诠释。拌石膏也比花时间写这类书有用。如果古人没有给我们留下文学、艺术和建筑方面的作品,我们就永远无法真实地了解过去。我们可曾了解在人类历史上起重大作用的伟人们的真实生活?比如赫拉克利特[21]、佛陀、耶稣或穆罕默德[22]?很可能不知道。其实,他们的真实生活如何,对我们来说并不重要。我们想了解的,是民间传说所创造的伟人。群体感到激动人心的,是具有传奇色彩的英雄,而不是真正的英雄本人。

不幸的是,传说——哪怕是被书籍记录下来的传说,也会很不可靠。群体的想象会根据时间的不同,尤其是根据种族的不同,不断地对它进行改动。《圣经》中血腥的耶和华与圣德肋撒[23]充满了爱的上帝相距甚远;中国人崇拜的菩萨和印度人敬仰的佛陀也没有任何共同之处。

关于那些英雄的传说,甚至用不了几个世纪就可以被群体的想象所改变。有时,这种改变只需几年。今天,我们已看到,关于历史上最伟大的英雄之一的传说,在不到五十年的时间里已被改变了许多次。在波旁王朝时期，拿破仑是一个淳朴的、无私的、充满自由思想的人，是穷人的朋友，用诗人的说法是，穷人会在破屋里久久地怀念他。三十年后，这个仁慈的英雄成了一个嗜血的暴君，他滥用权力与自由，为了满足自己的野心而牺牲了三百万人的生命。现在，这一传说又发生了新的变化。几十个世纪之后，未来的学者对这些互相矛盾的故事，也许会莫衷一是，怀疑这个英雄是否真的存在，正如现在有人怀疑佛陀的真实性一样。也许，他不过是阳光般灿烂的神话或是赫拉克勒斯[24]传说的演绎。这种不确定性也许很容易会让他们感到无所谓，因为，他们将比今天的我们更了解群体的心理，知道历史只能依靠神话才能续写下去。

3. 群体感情的夸大化和简单化

群体表现出来的感情，不管好坏，都有极简单化和夸大化这双重特点。在这一点上，如同在其他许多方面一样，群体中的个人很接近原始人。由于分不清细微的区别，他们是笼统地来看待事物的，看不到事物之间的过渡状态。在群体中，感情的夸大会由于这一事实而强化：流露出来的感情很快就会通过暗示和传染的方式进行传播。由于受到明显的支持，这种感情的力量将得到大大加强。

感情的简单化和夸大化只能使群体既不懂得怀疑，也不会犹豫。他们像女人一样，动不动就走极端。应该引起怀疑的东西立即就变成了无可辩驳的明显事实。对独处的个人来说，反感和反对的情绪出现之后，不会愈演愈烈，而在群体中的个人身上，这种情绪却很快就会变成巨大的仇恨。

由于缺乏责任感，群体的感情会更加暴烈，尤其在异质性群体当中。群体的人数越多，便越是肯定自己不会遭到惩罚，也由于人数众多，会一时感到自己无比强大。群体中的个人不可能产生的感情和行为在群体中成了可能。**在群体中，蠢人、白痴和妒忌者不会再感到自己平庸和无能，而是产生了一种强烈、短暂却巨大的力量。**

很不幸，这种夸大往往会让群体态度粗暴，那是来自原始人的残余本能，而有责任感的个人因担心受到惩罚会有所克制。所以，群体很容易做出极坏的事情。

然而，如果得到巧妙的暗示，群体也并不是不能表现出勇敢、忠诚和崇高的道德，甚至能比独处的个人做得更好。研究群体的道德时，我们将有机会来重新讨论这一点。

由于夸大自己的感情，群体只会被极端的感情所打动。演说家为了吸引众人，势必滥用词汇，斩钉截铁。他会夸大、断言、重复，绝不会经过理性思考之后再表明看法。众所周知，这是公共集会上的演说家所惯用的辩术。

同样，群体也希望夸大英雄人物的感情，总是放大他们的优点和品德。人们清楚地发现，在戏剧中，群体总是要求戏中的主人公具有在现实生活中很难拥有的种种优秀美德，如勇敢、道德高尚、人品好。

所谓的舞台视觉效果是有道理的。那种效果显然是存在的，但规则却往往与理智和逻辑没有什么关系。对群体说话的艺术无疑是低层次的，但要求有特别的技巧。某些剧本在阅读的时候很难说清好在哪里，导演在接到剧本时也往往拿不准它是否会成功。想对此作出判断，首先要让自己变成观众。[25]如果可以展开，我们将说明种族在这方面的重要影响。有时，在某个国家让众人激动的剧本，在另一个国家却丝毫得不到成功，或只得到一些行家的赏识却不为大众所接受，人们出于礼貌才给予掌声，因为它没能打动异地的观众。

用不着补充说，群体的夸大只对感情有影响，对智力没有任何作用。我已经阐明，个体一旦结群，他的智力水平立即就会下降，而且是大大下降。塔尔德先生，一个博学的官员，在研究群体犯罪行为时也证明了这一点。所以，在感情方面，群体可能升得很高，或者相反，跌得很低。

4. 群体的褊狭、专横和保守

群体只拥有简单和极端的感情。他们全盘接受或一概拒绝被暗示给他们的意见、主张和信仰，把它们当作是绝对正确或是完全错误的东西。通过暗示而不是通过理性而产生信仰，结果总是如此。大家都知道宗教信仰是多么褊狭，它对灵魂的统治又有多么专制。

群体对何为对错旗帜鲜明，而且对自己的力量有清楚的认识，所以显得既专横又褊狭。个人可以容忍矛盾和争论，群体却绝不允许。在公共集会上，演说家稍有反驳，立即就会引起愤怒而粗暴的辱骂和怒吼。如果演说者还不下台，等待他的很快就是暴力和驱逐。没有当局执法者的严阵以待，与公众意见相左的人甚至常遭杀害。

在各种群体当中，专横和褊狭都很普遍，但程度相差很大，在此，种族的基本观念又产生了作用，它支配着人们的感情和思想。尤其是在拉丁群体当中，专横与褊狭达到了很高的程度，甚至完全摧毁了在盎格鲁-撒克逊人当中如此强大的个人独立精神。拉丁群体只看重自己所属团体的集体独立，这种独立的特征，便是要用粗暴手段让异见者立即接受他们的信仰。在拉丁民族中，自宗教裁判所之后，各时期的雅各宾党人从不曾想到，除了他们的自由之外还有别的自由。

群体的专横和褊狭是很明显的，这种情绪很容易产生，也非常容易被接受和实行，只要强加给他们。群体屈从于权威，却不怎么会为善良动心。对他们来说，善良是一种弱点。他们从来不同情宽厚的领袖，而是屈服于残酷压迫他们的暴君，总是把暴君抬到至高无上的地步。如果说群体敢于践踏被推翻的暴君，那是因为他失去了权威，回到了弱者的队伍当中，受到蔑视，大家不再怕他。群体喜欢的英雄总是像恺撒[26]那样的人，他威风凛凛的样子吸引着他们，他的威严使他们臣服，他的马刀使他们害怕。

群体随时准备推翻弱者的统治，而顺从地臣服于强大的专制。如果专制的力量断断续续，总是服从于极端感情的群体也会忽冷忽热，不是无法无天，就是卑躬屈膝。

以为群体的革命本能能起重要作用，那是因为不了解他们的心理。他们的暴力让我们在这一点上产生了错觉。群体的反抗和破坏，爆发的时间总是非常短暂。他们受无意识的统治太严重，所以也就太容易受到古老世袭制的影响，不可能不保守。如果对他们放任不管，他们很快就对混乱感到厌倦，本能地走向奴性。当波拿巴取消所有自由，强硬地显示出其铁腕时，最热烈地拥护他的，恰恰是雅各宾党人中最傲慢、最难驯的人。

如果没有深刻意识到群体极为保守的本能，就很难理解历史，尤其是人民革命的历史。他们很想改变自己的制度，有时甚至会为此进行暴力革命。但这些制度的本质，体现了种族对世袭制的需要，所以他们不会常常进行革命。他们的不断变化只是表面上的。事实上，他们跟原始人一样，相当保守，对传统的尊重和崇拜是无条件的，本能地害怕所有会改变他们真正生存状况的新事物。这种恐惧是发自内心深处的。如果在发明机械、蒸汽机和铁路的时代，民主就拥有它现在的这种权利，那些发明都会变得不可能，或只有通过不断的革命和屠杀才能做到。对文明的进步来说，群体的力量在科学与工业大发明已经完成之后才诞生，这是一大幸事。

5. 群体的道德

如果我们把"道德"这个词理解为持久地遵守某些社会习俗，不断压制自私的冲动，那么，过于冲动和多变的群体显然不能被认为是有道德的。但如果我们在"道德"这个词当中加上某些可以一时表现出来的优点，如忘我、忠诚、无私、自我牺牲、渴望平等，我们则可以说，群体有时表现得恰恰相反，能做出非常道德的事情。

研究群体的心理学家不多，而且都是从群体犯罪的角度去研究。看到他们如此频繁地犯罪，心理学家们都认为他们的道德十分低下。

也许事实往往如此。可为什么会这样呢？原因只有一个，那就是残忍与破坏的本能是与生俱来的，它蛰伏在我们每个人身上。个人独处时，要满足这种本能是很危险的，而一旦加入了某个群体，就可以不负任何责任了，也就是说可以肯定自己不会受到惩罚了。这时，他便完全随心所欲了。通常，我们不能把这种破坏本能用在同类身上，只好拿动物开刀。那么多人喜欢狩猎，这与群体残酷的行径如出一辙。群体慢慢地虐杀手无寸铁的受害者，表现出一种十分卑劣的残忍。但对哲学家们看来，群体的这种残忍与十多个猎人成群结队，带着猎犬兴奋地追逐猎物，让它们撕裂不幸的鹿的肚子没什么不同。

如果说群体会杀人放火，犯下各种罪行，他们也可以表现得十分忠诚、勇于牺牲、无私无畏，甚至比个人独处时更为高尚。人们经常以荣誉、名誉、宗教和祖国的名义，让群体中的个人做出牺牲，而且往往要他们付出生命的代价。历史可以提供无数类似十字军东征和九三年志愿者的例子。只有集体主义者才能如此无私、忠诚。多少群体为了信仰、主张和他们一知半解的字眼而英勇就义。群体罢工更多是为了服从命令，而不是为了提高他们已经满足的微薄工资。对群体来说，个人利益很少能成为主要动机，而对独处的个人来说，那可是唯一的动机。促使群体参加战争的绝对不是什么利益。就他们的智力而言，那些战争往往是难以理解的，然而他们却可以在战争中如此轻易地献出生命，就像云雀被猎人所装的镜子晃花眼、上了当一样。

甚至连十足的恶棍也如此。他们一旦聚集成群，往往就会严格遵守道德原则。泰纳指出，九月屠夫们[27]把他们从受害者身上弄来的钱包和珠宝悉数交公，而他们原本是可以轻而易举地将其据为己有的。1848年革命期间，成群的穷人喊声震天地蜂拥而上，闯入杜伊勒里宫[28]，却没有拿走一件闪闪发光的珠宝。那些东西，只要有一件，就够他们吃喝很多天了。

个人被群体道德净化，这当然不是一条永恒的规则，却很常见，甚至在远没有我刚才提到的情形那么严重的情况下也能看到。我曾说过，在戏剧中，人们都希望主人公高、大、全。我们常常发现，一场集会，哪怕参与者都是些道德低下的人，往往也会表现得规规矩矩。放荡者、皮条客和吵吵嚷嚷的小无赖，碰到有点危险的争吵或轻佻的语言，哪怕与他们通常说话相比微不足道，也会压低嗓门说话。

所以，**如果说群体常常服从低劣的本能，有时也可以作为品德高尚和道德崇高的典范**。如果无私、顺从、绝对忠于某种或虚或实的理想也属于美德的范畴，我们就可以说，群体常常拥有这类美德，其水平甚至连最睿智的哲学家也不一定能够达到。他们这样做也许是无意识的，但这没关系。我们不要过多地抱怨群体总是受无意识的驱使，不动脑筋。如果他们动起脑筋，考虑自己眼前的利益，也许任何文明都无法在我们这个世界上发展，人类也就不会有历史了。

第三章　群体的观念、推理和想象力

1. 群体的观念／基本观念和次要观念／各种矛盾的观念如何并存／高深的观念必须经过变化才能被群体所接受／观念的社会作用与它是否包含真理无关／2. 群体的推理／群体不受推理的影响／群体的推理永远是低层次的／它所组合的观念只是表面上相似，表面上有相承关系／3. 群体的想象力／群体的想象力威力强大／他们通过形象来思考，而这些形象之间没有任何关系／群体尤其会被事情中美好的一面所打动／美好和传奇的事物是文明的真正的支柱／民众的想象力永远是政治家权力的基础／能够打动群体想象力的事实是如何出现的

1. 群体的观念

在上一本书里[29],我们研究观念在民族发展过程中的作用时曾经指出,每种文明都来自一小部分基本观念,它们很少更新。我们阐述过这些观念是如何被群体接受的,进入他们大脑时又遇到了什么困难,进入之后又拥有了什么力量。最后,我们发现,历史上的大动荡往往来自基本观念的变化。

这个问题我们已经讨论得很多,我现在不想再谈,只想说一说哪些观念能被群体所接受,群体又是以什么方式理解它们的。

我们可以把观念分为两类:受一时的环境影响、偶然诞生、为时不长的观念为一类,比如说对某人或某种学说的迷恋;因环境、遗传、舆论影响而极其稳定的基本观念为另一类,比如说昔日的宗教信仰、今天的民主与社会主义思想。

基本观念可以用慢慢流动的河水来比喻，暂时的观念可以用总在变化的小浪花来表示，它尽管不重要，但不时地泛出水面，显得比河水本身更引人瞩目。

先辈拥有的伟大的基本观念现在已摇摇欲坠，失去了坚实的基础，建立在这上面的制度也都深深地动摇了。我刚才所说的转瞬即逝、微不足道的观念天天都在诞生，但好像很少能发展壮大，产生巨大影响。

暗示给群体的不管是什么观念，其形式只有变得绝对和简单的时候才能显示出其重要性。于是它们便以形象的方式出现，只有以这种方式才能被群体所接受。这些以形象方式出现的观念，彼此之间不存在任何类似或相承的逻辑关系，可以互相取代，就像是万花筒里层层叠叠的玻璃，可以从里面抽出来。所以，我们能看见群体中并存着十分矛盾的观念。不同的时期，群体会受自己所接受的各种观念的影响，做出很不相同的事情。由于完全缺乏批评精神，它们看不见这些矛盾。

但这并不是群体所特有的现象，许多独处的个人也存在这种情况，不仅仅是在原始人当中，也包括在思想的某一方面与原始人有相似之处的人，比如说宗教信仰极其强烈的宗派者。我发现这种现象在印度人身上相当明显，他们在欧洲的大学接受教育，获得了各种学位。他们所遗传的宗教观念或社会观念根深蒂固，在这上面又增添了与之毫无关系的西方观念，但后者丝毫没有削弱前者。根据时间的不同，前者或后者会以自己特殊的行为或语言出现，所以，同一个人身上能表现出极其矛盾的言行。其实，这种矛盾更多是表面上的，因为在个体身上，遗传的观念才强大得能够成为他的行为动机。人因为通婚而受到不同的传统的影响，才有可能做出完全矛盾的事情。这种现象，尽管从心理学的角度来看非常重要，但在这里纠缠没有什么用处。我认为至少要旅行和观察十年才能弄懂它们。

观念具有非常简单的形式之后才能被群体所接受。为了大众化，往往得忍受脱胎换骨的改变，尤其是涉及稍微高端一点的哲学或科学思想时，大家会发现，必须作较大的修改才能慢慢地让群体所接受。这种修改要看群体属于哪个层次或哪个种族，但永远必须让观念瘦身和简化。所以。从社会的角度来看，其实根本就不存在观念上的等级，也就是说，观念并没有高低之分。某种观念被群体接受了并产生了作用，不管它原先是多么伟大或多么正确，它都已经失去了原先之所以崇高和伟大的一切。

而且，从社会的角度来看，观念的等级价值并不重要。需要重视的，是它所造成的影响。中世纪的基督教思想，上个世纪的民主思想，今天的社会主义思想，不一定都很崇高。从哲学的角度上来看，我们只能把它们当作是令人遗憾的错误。然而，它们的作用，过去很大，以后也会很大，将长期被视为国家行为最重要的因素。

为了能让群体接受，观念虽然进行了改变，但只有通过各种方式（我们会在别的地方另行研究）进入无意识，并成为一种感情，它才能起作用。这一过程往往非常漫长。

应该知道，观念正确不一定就能产生影响，哪怕是对教育程度比较高的人来说也是如此。有些证据清清楚楚，但对大多数人并没有什么影响，知道这一点，大家很快就会明白这个道理。无可辩驳的事实，如果显而易见，可以被一个有教养的人所接受，但这个新的皈依者很快就会被无意识带回自己的原始观念当中。几天后我们再看到他，他又将用陈词滥调重复过去的想法，这是因为他受到了已成为情感的旧观念的影响。那种观念才是影响我们行动和言论的深刻动机。对群体来说，不可能不这样。

不过，当某种观念通过各种方式终于进入群体的大脑，它便有了不可战胜的力量，产生了人们必须忍受的一系列影响。引起法国大革命的哲学观念花了差不多一个世纪才进入群体的头脑。但当它在那儿扎根时，人们便意识到，它的力量势不可当。整个民族都冲上前去争取社会平等，实现抽象的权利和理想中的自由，动摇了所有的统治，使西方世界深陷于混乱之中。二十年来，各民族争先恐后，欧洲经历了让成吉思汗[30]和帖木儿[31]都会感到恐惧的大屠杀。世界上从来没有哪种思想的爆发能产生这么大的影响。

观念需要很长时间才能进入人们的大脑，但要排除它，也需要同样长的时间。所以，就观念而言，群体总是落后学者和哲学家好几代人。今天，所有的政客都知道我刚才所说的观念包含着不少错误,但由于这些观念的影响仍然很大,他们不得不根据这些原则来实行统治,尽管他们自己也不相信这些原则一定是对的。

2. 群体的推理

我们不能绝对地说群体不动脑筋,不懂得推理。不过,从逻辑的角度来看,群体所进行的论证和能对它产生影响的论证,层次低得只能用"类似推理"来形容。

群体所使用的低级推理,如同高级推理一样,是建立在组合之上的。他们所组合的观念,互相之间的类似或相承关系是表面上的,他们像因纽特人一样推理。因纽特人凭经验得知,冰是透明的,放在嘴里会融化,他们便因此推断,既然玻璃也是透明的,放在嘴里也能融化;或者像野蛮人那样推理,想象吃了骁勇之敌的心脏,自己也会变得勇敢;又或者像工人,一旦被雇主盘剥,便很快就得出结论:所有的雇主都是剥削者。

不同的东西组合起来,互相之间只能具有表面的关系,特殊情况马上成了普遍的现象,这就是群体推理的特点。懂得统治他们的人总是向他们灌输这种推理办法。这是唯一能影响他们的推理。系列的逻辑推理，群体根本不可能理解，所以我们可以说，群体不会推理或者总是错误地推理。他们不会受推理的影响。人们在阅读演讲稿的时候，有时会惊讶地发现，某些演讲的质量很差，却对广大听众产生了巨大的影响。这是因为人们忘了，这些演讲是用来吸引群体的，而不是供哲学家阅读的。演讲者与群体进行内心交流时，知道如何用形象来吸引他们。如果这一点成功了，他们的目的也就达到了。二十卷长篇巨著——往往都是潜心研究的结果——也比不上几句能让人听进去的话。

毋庸赘言，正因为群体不懂得推理，所以他们毫无批评精神，也就是说，他们分不清是非，不能对事情作出正确的判断。群体的判断总是被强加的，而不是经过讨论获得的。在这方面，许多人都不比群体高明，有的观念能轻而易举地被大众所接受，就是因为大部分人都不能根据自己的推理得出个人的看法。

3. 群体的想象力

如同不懂得推理的人那样，群体的想象力丰富而强烈，十分活跃，很容易受到影响。脑海中被某个人物、某一事件、某种意外所激起的形象，几乎像真实的东西一样活灵活现。群体所处的情形，有点像人们睡着时那样，理智暂时短路，脑海里出现了极其密集的形象。但人一思考，这些形象就烟消云散了。群体不会思考，不会推理，对再怎么不可思议的事情也深信不疑，或者说，最不真实的东西往往最能打动他们。

所以，一件事情，最能打动群体的总是其中最美好、最富有传奇色彩的那部分。如果对文明作一下分析，我们就会发现，其实，最美好、最有传奇色彩的东西正是文明的真正支柱。在历史上，表面上的东西比实际的东西作用要大得多，非真实的东西总是压倒真实。

群体只能通过形象来思考，只有形象能给他们留下深刻的印象，只有形象能让他们感到害怕或吸引他们，成为他们的行为动机。

所以，能充分展现形象的戏剧表演对群体总是具有很大的影响。过去，对罗马的平民来说，面包与看戏是最大的幸福，有了它们就足够了。岁月荏苒，但这种理想并没有怎么改变，没有什么比戏剧表演更能打动各类群体的想象力了。所有观众同时体验同样的激情，如果这种激情没有马上变成行动，那是因为最无意识的观众也知道，自己处于幻想之中。他们为想象中的历险而笑而哭。不过，形象引起的情感有时太强烈了，就像常见的暗示，会变成行动。人们经常说起那家大众剧院，它只演令人压抑的戏剧，散场后，必须保护扮演叛徒的演员，免得他遭到观众的暴打。他所犯的罪行，当然是想象出来的，引起了群众的巨大愤怒。我觉得这是群体精神状态最显著的表现之一，这清楚地说明，要给他们什么暗示是一件多么容易的事情。对他们来说，假与真几乎同样奏效。他们明显地表现出真假不分的倾向。

侵略者的强权和国家的力量正是建立在大众的想象力之上的，尤其是通过影响想象力来领导群体。历史上的重大事件，佛教、基督教、伊斯兰教的诞生，宗教改革，法国大革命以及现在社会主义的风行，都是对群体想象力产生强烈影响直接或间接的结果。

所以，各个时期、各个国家的伟大政治家，包括最残酷的独裁者，都把民众的想象力当作是他们的权力基础，从来不逆之而行。"我让自己成了天主教徒，"拿破仑对国会说，"才结束了旺岱之战；我让自己成了穆斯林，才在埃及站稳脚跟；我让自己成了教皇绝对权力的拥护者，才在意大利赢得了神甫们的支持。如果我要统治犹太人，我会重建所罗门神庙。"也许，从亚历山大到恺撒，没有一个伟大人物不知道该如何影响群体的想象力，他们总是在思考如何刺激他们的想象力。在胜利的时候，写书的时候，发表演说的时候，在做任何事情的时候，他都想着这一点，临终的时候还在想这事。

那么，如何才能给群体的想象力留下深刻的印象呢？我们很快就会知道，现在，首先可以肯定的是：绝对不是通过他们的智慧或理智，也就是说，不是通过论证的办法，就像安东尼[32]那样，不是用雄辩的演说聚起民众去进攻杀害恺撒的敌人，而是手指恺撒的遗体，向众人朗读他的遗嘱。

所有能打动群体想象力的东西都具有突出和清晰的形象，没有任何多余的解释，或者，只伴以某些美好或神秘的事实：一场伟大的胜利，一个不可思议的奇迹，一桩滔天的罪行，一个巨大的希望。要笼统地概括，而不要从头道来。小罪行和小事故即使有一百件也不能触动群体的想象，而一桩重罪、一个重大的事故却能深深地让他们感到震撼，哪怕后果远没有一百个小事故加起来那么严重。几年前，传染病流行，几周内，仅在巴黎就夺走了五千人的生命，却没有怎么触动群体的想象。这是因为，那场真正的大屠杀没有形成明显的形象，只有每周公布的数字。而一场大事故，不要说死五千人，就是死五百人——但必须在同一天发生，在某个公共广场，由于一个极其意外的原因，比如说，埃菲尔铁塔倒下来了——都会对想象力产生巨大的影响。一艘穿越大西洋的轮船，由于失去了消息，人们推测它可能葬身大海了。这事在一周内深深地刺激着群体的想象力。而官方数字却表明，仅仅在1894年一年，就有850艘帆船和208艘蒸汽船失事。这些相继失事的船只所造成的生命和货物损失，远比我刚才提到的那艘穿越大西洋的轮船大得多，众人却丝毫没有给予关注。

所以，**影响大众想象力的不是事实本身，而是它所扩散和传播的方式**。只有通过"浓缩"的办法——如果可以这样说的话，事实才能造成突出的形象，让人难以忘怀。谁能影响群体的想象力，谁就掌握了驾驭他们的艺术。

第四章　群体的所有信仰都采取宗教形式

宗教感情的组成／它与对神灵的敬仰无关／它的各种特征／信仰之所以力量强大是因为采取了宗教形式／各种例子／民众所崇拜的神灵从来就没有消失过／它们复活的新形式／无神论的宗教形式／从历史的角度来看这些观念的重要性／宗教改革、圣巴多罗缪大屠杀、恐怖时期和各种类似的事件是群体宗教感情的结果，而不是独处的个人的意愿我们已经说过，群体不懂得推理，他们不是全盘接受，就是一概反对，不能忍受讨论和矛盾；对他们产生影响的暗示会完全瓦解他们的理解力，有可能很快就变成行动。我们也曾指出，受到恰当暗示的群体，可以随时为了暗示给他们的理想而赴汤蹈火。我们还看到，他们只拥有强烈和极端的感情，以至于在他们身上，同情很快就会变成崇拜，而厌恶一旦产生，就会变成仇恨。这些一般性的描述已经可以让人感觉到群体的信念是什么样的了。

如果我们更深入地考察群体的信念，包括信仰狂热时期和政治大动荡时期的信念，比如说上世纪的情形，我们就会发现，这些信念有着特别的形式，我觉得没有什么能比"宗教感情"这个词更好地形容它了。

这种感情的特点非常简单：崇拜心目中的崇高者，害怕他身上所谓的神奇力量，盲目地服从命令，缺乏分析这些信条的能力，只想着传播它们。所有不接受这些信条的人都有可能被当作敌人。对于看不见的上帝，对于石头或木头的偶像，对于一个英雄或是某种政治主张，他们就是抱着这种感情。当群体表现出上述特点时，说明其宗教本质依然如故。超自然的东西和神奇因素在它身上同样强烈。群体不知不觉地让政治信条和当时引起他们狂热崇拜的得胜的首领拥有了神奇力量。

如果只是崇拜一种神明，这还算不上虔诚；只有当他们倾其所有精神资源、服从意愿和热情想象，为某种事业或某个个人效劳，并将其作为自己思想和行动的目标和指南，这才叫做虔诚。

褊狭和盲从必然伴随着宗教感情。认为自己拥有现世和来世之幸福秘密的人，必然如此。所有结群的个人，不管受到什么信念的激励，都具有这两个特点。恐怖时期的雅各宾党人跟宗教裁判所时期的天主教徒同样虔诚，他们残酷的热情如出一辙。

群体的笃信具有宗教感情固有的特点：盲目服从，极其褊狭，渴望传播。所以，我们可以说，他们的所有信仰都具有某种宗教形式。群体所拥戴的英雄，在他们心里俨然就是一个神。拿破仑就当了十五年这样的神，从来没有哪个神有比他更虔诚的崇拜者，也没有一个人能如此轻易地让人为自己战死沙场。异教和基督教的神都没能像他那样，对被征服者有那么强的控制力。

创造宗教信仰或政治信仰的人，他们之所以能够做到这一点，是因为他们都懂得如何让群体产生这种狂热的感情。

这种感情能让人在崇拜与服从中得到幸福，随时准备为自己的偶像而牺牲。每个时代都如此。费斯泰尔·德·库朗热[33]在他关于罗马的高卢人的杰作中一针见血地指出，罗马帝国之所以能维持其统治，绝不是靠武力，而是靠它激起的虔诚敬仰，"一个被民众仇恨的政体能持续五个世纪，"他不无道理地说，"这在人类历史上都是绝无仅有的……帝国只有三十个军团，却能让一亿人服从它，这是解释不通的。"民众之所以服从，是因为皇帝代表着罗马的辉煌与伟大，像神一样受到全体人民的敬仰。在帝国的任何一个小镇，皇帝都有祭坛。"在那个时期，整个帝国的民众，心中都有一种新的宗教，大家都把皇帝本人奉若神明。基督时代的好多年前，高卢地区的六十个城镇都给奥古斯都修建了神殿，跟里昂附近的那座一样……神甫都是当地的头面人物，由高卢城市会议选出……这一切靠恐怖和奴役是绝对做不到的。不可能所有的民族都受到奴役，且长达三个世纪。崇拜君主的不是朝臣，而是罗马；不仅仅是罗马，还包括整个高卢地区、西班牙、希腊和亚洲。"

今天，大部分统治者都没有祭坛，但有塑像或画像。人们对他们的崇拜与过去并无二致。只有深入了解群体心理学的这一基本点，才能弄懂一点历史的哲学。**对群体来说，必须有个神，否则什么都谈不上。**

不应该认为这是另一个时代的迷信，已被理智所彻底铲除。感情在与理智的长期搏斗中从来没有输过。现在，群体不想再听到"神""宗教"这些词，它被这些东西奴役了很久很久。但一百多年来，人们从来没有过那么多偶像，旧神明从来没有过那么多雕像和祭坛。最近研究过所谓"布朗热主义"的大众运动的人会发现，群体的宗教本能是多么容易复活。村中的客栈，没有一家不挂着英雄的画像。人们认为他能消除一切不平等和一切罪恶。成千上万的人为他牺牲了自己的生命。如果他的人格能勉强配得上他的名声，他在历史上还有什么地位不能占有？

所以，老是说群体需要某种宗教，这纯粹是废话和套话。因为对群体来说，所有的政治、神学和社会信仰，只有具有宗教形式，才能在他们心中确立。宗教形式可以使这些信仰免于讨论。无神论之所以能被群体接受，是因为它具有宗教感情的那种褊狭狂。拥有了这种外在形式，它很快就会成为被崇拜的对象。实证主义小宗派的演变给我们提供了一个有力的例证。那个虚无主义者（思想深刻的陀思妥耶夫斯基[34]讲过这个故事）所遭遇的，他们很快也会遇到：被理智之光照亮的那一天，他打破了装饰教堂祭坛的神像和圣人画像，灭了蜡烛，然后又不失时机地用某些无神论哲学家的著作（比如说毕希纳[35]和莫勒斯霍特[36]）代替被毁灭的神像，虔诚地重新点燃蜡烛。宗教信仰改变了，但他的宗教感情真的改变了吗？

我再次重申，只有意识到这种最终总将取得群体信任的宗教形式，我们才能认识某些历史事件——我指的是重大事件。有的社会现象应该更多地从心理学的角度而不是从自然主义的角度来研究。我们的大历史学家泰纳只从自然主义的角度来研究法国大革命，结果常常看不见许多事件发生的真正原因。他清楚地观察到了事实，但由于没有研究群体心理学，所以不是总能追溯到事情的缘由。那些事件血腥、混乱、残酷的一面让他感到害怕，但他只看到那些立下丰功伟绩的英雄们的这一面，把他们当成是一群疯狂的野蛮人，肆无忌惮，随心所欲。法国大革命仅因在群体心中创造了新的宗教信仰，才使它的暴力、屠杀、对传播的渴望和向各国国王宣战有了说法。宗教改革、圣巴托罗缪大屠杀[37]、宗教战争、宗教裁判所、恐怖时期[38]都属于同类现象，都是由被宗教感情所鼓动的群众完成的。这种感情必然驱使他们用铁与火去无情地消灭一切阻碍建立新信仰的东西。宗教裁判所的做法，信念极其强烈的人才想得出来，如果他们采取别的方式，那他们的信念就要打折扣了。

只有在群体的灵魂想让它发生的前提下，类似我刚才提到过的动荡才会出现。否则，最专制的人也无能为力。如果有历史学家告诉我们，圣巴托罗缪大屠杀是某个国王的杰作，这表明他对群体的心理和国王的心理都不了解。类似的命令只能出自群体的灵魂。再独裁再专制的人也只能是略微加速或延缓其爆发的时间。制造圣巴托罗缪大屠杀的不是国王，也不是宗教战争，正如制造恐怖时期的不是罗伯斯庇尔[39]、丹东[40]或是圣茹斯特[41]一样。在此类的事件背后，总能找到群体的灵魂，而绝不是国王们的强大统治。

卷二　群体的主张与信念

第一章　群体的信念与主张的间接因素

群体信念的准备性因素／群体信念的诞生是先前工作的结果／研究这些信念的各种因素／1.种族／它所产生的重要影响／它体现了先辈的暗示／2.传统／它是种族精神的综合／传统在社会中的重要性／成为需要后，它又如何成了有害的东西／群体是传统观念最顽固的／3.时间／它逐渐酝酿信念的诞生，然后摧毁它们／多亏了它，秩序才得以恢复／4.政治与社会制度／关于其作用的错误认识／它们的影响极其微弱／它们是结果，而不是原因／民族无法选择自己觉得最好的制度／制度是标签，同样的标签后面，隐藏着极不相同的东西／制度是如何建立起来的／某些民族需要理论上看起来很糟的制度，比如说集权制／5.德育和智育／目前关于教育影响群众的错误观点／统计学上的说明／拉丁民族教育对道德的破坏作用／教育可能产生的作用／各民族提供的例子

我们刚刚研究了群体的思想结构，了解了他们感知、思考和推理的办法。现在让我们来看一下他们的主张和信念是如何产生和确立的。

决定这些主张和信仰的因素分两类：间接因素和直接因素。

间接因素让群体接受某些信念而不让别的信念渗透。它准备好了场所，新的主张会突然从那里冒出来，力量和结果都相当惊人，但这种自发性是表面上的。群体中的某些主张的爆发和实现有时迅如闪电，这只是表面现象，应该看到在这后面隐藏着先前已做的长期准备工作。

直接因素是指与这种长期工作重叠的因素，没有这种长期的工作，直接因素就不会有结果。这些因素激起群体的坚强信念，也就是说让他们形成主张，并让这些主张产生结果。能让集体突然行动起来的措施就是由直接因素引发的。骚乱的爆发或决定是否罢工，大多由直接因素所决定；群众推举某人掌权，或推翻政府，也是由这种因素引起的。

历史上的所有重大事件告诉我们，这两类因素是相继发生作用的。我们只举一个很明显的例子：法国大革命的间接因素包括哲学著作、贵族的横征暴敛和科学思想的进步。群体的思想已经有所准备，之后就很容易受直接因素的影响，如演说家的演讲、宫廷的顽固抵抗或者只作一些微不足道的改革都会起催化作用。

在间接因素当中，有的是普遍的，在群体的所有信念和主张中都能找到，如种族、传统、时间、制度和教育。

现在，我们来研究这些不同因素的作用。

1. 种族

必须把种族这一因素放在最前面，因为它的作用远远超过其他因素。在另一部著作[42]中，我们已深入研究过它，现在没必要重复。我们讲述了历史上的种族是什么样的，一旦形成，它又会通过遗传规律产生如何巨大的力量，以至于它的信念、制度、艺术，一句话，它所有的文明成分都成了种族灵魂的外在表现方式。我们还指出，种族的力量非常强大，不经过彻底的变化，任何因素都不可能从一个民族进入另一个民族。[43]生活环境、社会环境和各种事件就是当时的社会暗示,它们可以产生巨大的影响,但如果这种影响逆种族的暗示而行,也就是说,与祖辈遗传的东西背道而驰,它就永远只能是暂时的。

在本书的许多章节里,我们还将有机会重新讨论种族的影响,指出这种影响大到可以决定群体的精神特征。这一事实造成的结果是,各个国家的群体,其信念和行为都有很大的区别,受影响的方式也不一样。

2. 传统

传统代表着过去的观念、需求和感情。它是种族精神的综合,对我们影响巨大。

自从胚胎学揭示了过去的时间在生物进化过程中的巨大影响之后,生物科学也发生了变化。如果这一观念传播得更广,历史科学也会发生同样大的变化。这一观念现在传播得还不够广,许多政客还受上世纪理论家的思想影响。他们认为,社会可以与过去决裂,以理性的光芒为指导,完全进行重建。

民族是过去形成的一个有机体,它像所有的有机体一样,只能通过一代代缓慢的遗传积累才能发生变化。

驱使人们行动的，是传统，尤其是当他们结群以后。正如我多次强调过的那样，要改变传统并不容易，除非是变更名称和外在形式。

用不着为此遗憾。没有传统，就没有民族的灵魂，也不可能有文明。所以，人类诞生之后的两件大事，首先是给自己构建传统，然后在它好处用尽时摧毁它。没有传统就没有文明；不消灭这些传统，社会就不会进步。难的是要在稳定和变化之间找到很好的平衡，这一难度相当大。一个民族，如果在长时间里让传统习俗捆绑过牢，就不能改变和变化，就像中国那样，无法完善自己。暴力革命对它没有任何作用，因为砸烂的链条又会重新接上，过去又会原封不动地复辟，或者，被砸烂的东西弃之不用，衰败之后很快就出现无政府状态。

所以，对一个民族来说，理想的状况是保持过去的制度，不知不觉地、慢慢地对它们进行改良。但这种理想状况很难达到，似乎只有过去的罗马人和现在的英国人做到了这一点。

最坚决地捍卫传统思想、顽固反对变化的恰恰是群体，尤其是分等级的那类群体。我曾经强调，群体思想保守，指出最强烈的反抗最后也只获得了名号的改变。18世纪末，看到被摧毁的教堂、被驱逐或砍头的神甫、世界范围内对天主教信徒的迫害，大家还以为这一古老的宗教思想已彻底完蛋。然而，仅仅过去几年，面对普遍的呼声，人们又不得不重拾被废除的信仰。[44]暂时消失的旧传统又恢复了自己的影响。

要说明传统对群体灵魂的巨大威力，没有比这更好的例子了。最可怕的偶像并不在庙堂里，也不是宫殿中那些最专制的暴君。这些人一下子就可以消灭，但统治我们思想的那些看不见的主人，任何反抗对他们来说都不起作用，只能用数百年时间慢慢消磨他们。

3. 时间

社会问题，如同生物问题一样，最强大的因素之一是时间。它才是真正的创造者，但也是最大的破坏者。是它用沙子堆成了山，让地质时代[45]的幽暗细胞进化成尊贵的人类。几百年时间就足以改变任何现象。有人说得好，一只蚂蚁，如果有足够的时间，可以把勃朗峰[46]夷为平地；一个人如果拥有随意改变时间的神奇本领，便会拥有信徒们赋予上帝的那种力量。

但我们在这里只讨论时间如何影响群体的思想观念。在这方面，它的作用是相当大的。再大的力量也要听它支配，比如说种族的力量。没有它，那种巨大的力量就无法形成。

所有的信仰，其诞生、发展和灭亡都取决于它。由于它，那些信仰才获得了力量，也由于它，它们才失去力量。

孕育群体的主张和信念的主要是时间，也就是说，时间是它们发芽的土地。所以，有的主张在某一时期可以实现，在另一个时期却无法实现。这是因为，时间积聚了过去的大量信仰与思想，在这基础上诞生了某一时期的主张。这些主张并不是偶然和随意冒出来的，每种主张都扎根于漫长的时间。它们之所以开花，是因为时间为此作了准备。要了解其诞生的过程，就必须回顾过去。它们是过去的女儿，未来的母亲，也永远是时间的奴隶。

所以，时间是我们真正的主人，想看到事情发生变化，坐等时间就可以了。今天，我们非常担心群体咄咄逼人的欲望，害怕他们会进行破坏，引起动荡。只有时间能恢复平衡。"没有任何制度是一天之内建起来的，"拉维斯先生[47]说得对，"政治和社会组织是几百年时间造成的产物。封建制度动荡和混乱了几个世纪才找到自己的规则；绝对君权也经历了几个世纪才找到稳定的统治方式，而在等待的过程中，不乏巨大的动乱。"

4. 政治与社会制度

有人认为,制度可以弥补社会的缺陷,民族的进步是制度完善和统治有方的结果,社会的变革可以通过法令来实现……我得说,这些想法现在还流传甚广。法国大革命就以其为出发点,现在的社会理论也把它作为依据。

最漫长的经验现在也还没能真正动摇这种荒谬的想法。哲学家和历史学家曾试图证明其荒谬,但是徒劳无功。然而,他们却不难指出,制度是观念、感情和习俗的产物,并不是改变了法典就能改变观念、感情和习俗。一个民族,不能随意选择自己的制度,正如他们不能选择自己的眼睛和头发的颜色一样。制度和统治是种族的产物,远非时代的创造者,而是时代所创造的。对民族的统治不能随意乱来,而要根据他们的性格来决定。一种政治制度的形成需要几百年,要改变它也需要几百年。制度没有任何固有的品质,本身没有好坏之分。某一时期对某一民族是好的制度,对另一个民族来说未必如此。

因此,一个民族,根本没有能力真正改变自己的制度。以暴力革命为代价,他当然可以改变这些制度的名称,但本质不会有丝毫的变化。名称不过是一种无用的标签,一个历史学家,只要能稍微深入地研究事物,就不会在意这种名称。世界上最民主的国家是英国[48],但它现在仍处于君主制度的统治之下；而受专制统治最严重的，是原属西班牙的那些共和国，尽管他们实行的是共和制。掌握他们命运的是民族的性格，而不是政府。这个观点我在上一本书中已经分析过，还举了一些典型的例子。

所以，花时间去重新创造制度是件幼稚的事，是词藻华丽而浮夸的演说家无知、无果的行为。需求和时间会去创造制度，只要我们有智慧放手让这两种因素产生作用。盎格鲁－撒克逊人就是这样做的，这是他们伟大的历史学家麦考莱[49]告诉我们的。他的那段文字，拉丁民族国家的政治家们都应该牢记在心。麦考莱揭示了法规可能带来的所有好处，从纯理性的角度来看，那些法规似乎是混乱、荒谬和矛盾的；接着，他把欧洲和美洲十多种终结于动乱中的宪法与英国的宪法相比，告诉大家，英国的宪法改变得相当缓慢，而且是一点一点地改变，影响它的是直接的需求，而绝非纯粹的推理。"他们从来不担心是不是对称，只考虑有没有用；从来不因为某种东西不正常就废除它；只有当某种病态的东西出现的时候才进行改革，一旦摘除了病灶就住手，而且在治病时绝对不把个例扩大化……这就是自约翰国王到维多利亚女王时期的原则，它们在二百五十年当中普遍指导着我们的议会的决议。"

必须一一研究每个民族的法律和制度，才能明白它们完全是种族需求的表现形式，正由于这个原因，才没有发生剧烈的变革。我们也可以从哲学上论述集权制的好处和不利之处。不过，当我们看到一个由多种族组成的民族，经过千年的努力终于逐渐实现了这种集权；当我们发现，一场以摧毁过去所有制度为目的的大革命，不仅被迫尊重这种集权制，而且还要对它进行强化，这时，我们就可以说，它是强烈需要的结果，是它存在的条件；想摧毁它的政治家真是缺乏远见。万一他们成功，胜利将马上变成爆发大内战的信号[50]，而且很快就会带来比原先沉重得多的新集权。

综上所述，结论是我们不该从制度中寻找深刻影响群体灵魂的办法。我们看到有的国家，比如说美国，通过民主制度取得了高度繁荣；但我们也发现其他国家，比如原属西班牙的各共和国，尽管制度与美国十分相像，却生活在十分悲惨的无政府状态下。让我们这样说吧，一些国家兴旺，另一些国家衰败，这跟制度没有关系。民族是受其性格左右的，内在与这种性格不协调的所有制度都只能是一件借来的衣服，是暂时的伪装。当然，为了强行推出某些制度，发生过血腥的战争和暴力革命，而且将来还会发生。这些制度被认为像圣人的遗骨一样，具有超自然的能力，能够创造幸福。从这个意义上我们好像可以说，制度能影响群体的灵魂，因为它造成了同样的动荡。然而，**事实上起作用的并不是制度，因为我们知道，无论是成功还是失败，制度本身都没有好坏之分。影响群体精神的，是幻想和词语。**尤其是词语，那些虚幻而强大的词语，我们很快就会揭示其惊人的力量。

5. 智育和德育

我们在别的地方曾经指出，一个时代，主导性的观念数量少，但力量强大，尽管它们有时纯粹是幻想。今天，最具主导意义的观念是：教育能大大地改变人，最后肯定能使人趋于完善，甚至让他们变得平等。这种观点通过重复的方式，成了民主最坚定的信条之一。现在，这一信条就像过去的宗教观念，千万不能去反对。

但在这一点上，如同在其他方面一样，民主观念与心理学和经验得出的结论很不相同。许多杰出的哲学家，其中包括赫伯特·斯宾塞[51]，都毫不犹豫地指出，教育既不能让人变得有道德，也不能让人变得幸福，它无法改变人的本性和天生的激情。有时，一旦没有引导好，害处会比用处多得多。统计学家也肯定了这种观点，指出随着受教育，至少是接受了某种教育的一代人的成长，犯罪率也提高了。社会最大的敌人，即无政府主义者，这些人在学校里往往都是高才生。阿道夫·吉约先生，一位杰出的法官，他在最近一份报告中指出，现在受过教育的犯人和文盲罪犯的比例是三千比一千。五十年来，罪犯从每十万居民227名增加到552名，增幅达143％。他和同事们还注意到，罪犯的增加在年轻人当中尤为明显，而大家都知道，现在的免费义务教育已经代替了过去的缴费制。

当然，我们不能这样说——没有人支持这样的观点，教育不能得到很有用的实际效果。方向正确的教育，如果不能提高道德水平，至少能培养学生的专业技能。不幸的是，拉丁民族把自己的教育制度建立在十分错误的原则上，尤其是最近这二十五年，尽管一些非常出色的精英已经提出批评，如布雷亚尔[52]、费斯泰尔·德·库朗热、泰纳等其他许多人，但它们坚持自己可悲的错误。我本人也曾在不少著作中指出，我们目前的教育让大多数接受教育的人都变成了社会的敌人，为最糟糕的社会主义形式培养了许多学生。

这种教育（很适合用"拉丁"二字来形容）最危险的地方，是它建立在心理学的这一根本错误之上，即认为背诵教材就可以提高智力。于是，大家都拼命多背诵。从小学到博士或到考大中学教师资格证书，年轻人只会背书，而在判断力和创造力方面却没有丝毫的训练。对学生来说，学习就是背诵和服从。"学课文，背语法或课文提要，不断重复，认真模仿，"前公共教育部长朱尔·西蒙先生[53]写道，"这是一种很搞笑的教育，所做的一切努力，就是相信一个永远不会错的老师。这种教育只能削弱自己的信心，让自己变得无能。"

如果说这种教育仅仅是无用，我们还可以只为那些不幸的孩子惋惜，那么多必须学习的知识，老师在小学里没有教，反而让他们学习克罗泰后裔的系谱、纽斯特里亚和奥斯特拉西[54]的斗争或者是动物分类；可事实上，这种教育带来的危险要严重得多，它让接受教育的人强烈厌恶自己的出生环境，并且竭力摆脱。工人不想再当工人，农民不想再当农民，最典型的中产阶级认为自己的子女无法从事别的职业，除了领国家的工资当公务员。学校不是让人们为将来的生活而学习，而是培养他们当公务员。他们不用学习如何为人处世，也不需要有任何创造性。在阶梯的下方，教育制造了一大批无产阶级，他们不满自己的命运，随时准备反抗；阶梯的上方是我们无所事事的中产阶级，他们多疑而轻信，把国家当作神来迷信，然而又不断指责政府，总是把自己所犯的错归罪于国家，但没有当局的帮助，他们什么事都不会干。

国家借用教科书制造了大批拿了文凭的毕业生，但只能用一小部分人，不得不让其他人失业。结果，养活了前者，却让后者成了自己的敌人。这座社会金字塔从上到下，从普通的工人到教授和警察局局长，广大的毕业生现在都在围剿职业。结果，商人很难找到代理人去殖民地工作，而成千上万的候选者却在谋求最普通的公务员职位。光是塞纳省就有两万小学教师失业，他们看不起工作，看不起农民，只向国家要吃要喝。精英的人数也大大减少，不满者的队伍则越来越庞大，随时准备投入任何革命，不管领头的是谁，也不管革命的目的是什么。**获得了知识却又找不到相应的工作，这种方式肯定会把大家变成反抗者**。[55]

要逆转这股潮流显然已为时太晚。只有经验能告诉我们犯了什么错误，那是一个民族最好的老师。只有它强大得足以证明有必要换掉我们那些可恶的教科书和可悲的竞赛，代之以职业教育，让年轻人回到他们今天唯恐避之不及的田间、车间和殖民地企业去。

头脑清醒的人现在希望接受的这种职业教育，正是我们的父辈过去所接受的，也是今天以其意志力、创造性和实干精神统治世界的人懂得保持的。大思想家泰纳先生在一系列杰出的文章中清楚地指出（我稍后会引用最重要的部分），我们过去的教育有点像今天的英美教育。他很好地比较了拉丁体系和盎格鲁-撒克逊体系后，清楚地揭示了这两种方式所带来的结果。

也许，在极端的情况下，人们还是会接受我们的传统教育的种种不利之处，虽然它只制造失去社会地位的人和不满的人，但表面上接受了那么多知识，熟背了那么多课文，总能提高学生的智力水平吧！真的提高了吗？可惜没有！要在生活中取得成功，判断力、经验、创造力和性格是先决条件，而这些都不是书本能够给予的。书是供人查阅的有用的词典，一大段一大段地塞到脑子里是完全没有用的。

在完全抛开传统教育的前提下，职业教育是如何发展智力的，泰纳先生说得很明白：

> "思想只能在自然和正常的环境下才能形成。让它产生的，是年轻人每天在车间、矿场、法庭、学校、工地、医院中所得到的无数强烈印象。他们

看到了工具、材料，看到了如何操作，面对着客人、工人、工厂，面对着做得或好或坏、没有报酬或有报酬的活儿：这就是眼睛、耳朵、双手甚至嗅觉所感觉到的小小信息，它们在不知不觉中积聚起来，慢慢地消化，沉淀在身上，或迟或早会给人提供新的组合方式，简单、经济、完整或充满创意。这种宝贵的接触，这些可以吸收而且是必不可少的元素，正是法国年轻人所缺乏的，尤其是在他们最有活力的年龄。他们一连七八年被关在学校里，远离直接的或个性化的经验，而那些经验可以让他们对人、事以及各种为人处世的方式形成准确、生动的概念。"

"……十个人当中至少有九个人浪费了时间和精力，浪费了他们生命中的好多年，而且是高效、重要甚至是决定性的几年。我们先数一数，参加考试的有一半或三分之二的人不及格；然后，在通过考试、毕业、拿到文凭和学位的人当中，又有一半或三分之二的人过不了关。人们对他们的要求太严格，要他们在某某日子，坐在椅子上或站在黑板前，一连两个小时，就各种科目，回答人类获得的各种知识。那天，在那两个小时当中，他们的确拥有这些知识，或者说基本上拥有，但一个月后，他们就忘了。他们不能再忍受考试，他们获得的东西太多太沉重，不断地从大脑中溜走，而他们又不再补充新的知识。严密的思维能力退化了，旺盛的精力消退了。人被培养完成了，但也往往完蛋了。他循规蹈矩、结婚生子，满足于兜圈子，而且总是在同一个圈子里兜，把自己关在限制多多的办公室里。他规规矩矩地完成任务，仅此而已。这就是通常的回报。显然，获得和付出不成比例。而在英国和美国，和1789年之前的法国一样，人们使用相反的方式，收获能与付出持平，甚至多于付出。"

接着，这位著名的心理学家又向我们揭示了我们的教育体系与盎格鲁–撒克逊的体系有什么不同。他们不像我们有这么多专业学校，在英国，教学不是用书，而是用事情本身。比如说，工程师是在车间里培养的，而不是在学校里，这就使得每个人都可以准确地达到他的智力所及的高度，如果不能走得更远，他可以当工人和工头；如果达到了规定的高度，他可以当工程师。比起让个人的终生职业取决于十八九岁时参加的一场考试，这种方式对社会来说要民主得多、有用得多。

"小小年纪就上学的学生，要在医院、矿场、工厂、建筑师事务所、律师事务所里学习和实习，有点像我们国家的书记员，要去司法事务所，或学画画的要去画室。在进去之前，他们可以先修几门普通课和综合课，以便准备好一个框架，好把将来观察到的东西放到里面。不过，在他的能力所及的范围内，往往有几门技术课，他可以在自己能够支配的时间里去上，以协调他日常生活中慢慢得到的经验。在这样的体系下，学生的实践能力大大增强，并且能得到自我发展，充分发挥智力，根据他将来的工作要求，沿着他现在就想从事的具体工作的方向发展。在英国和美国，年轻人通过这种方式很快就把自己所学的知识用到工作中去。从25岁开始，或者更早，如果他有足够的物质条件和资金，他不但可以当个操作工，还可以马上就当企业家；不仅仅是当齿轮，还可以当发动机。在法国，得到重视的恰好是相反的教育方式，结果一代代变得越来越中国化（此处指19世纪末的中国——编者注），浪费的力气可谓巨大。"

我们的拉丁式教育和生活越来越脱节，关于这点，这位伟大的哲学家得出了如下结论：

"在教育的三个阶段，童年、少年和青年，坐在学校的课堂上通过书籍进行理论学习，这一过程是漫长的，任务是繁重的，因为要考试，要升级，要拿证书和文凭，光是这样就已经够呛了，加上方法糟糕，实行反自然和反社会的制度，过迟地学习实用知识，把学生关在课堂里，进行人为的训练，机械的填鸭式教育，功课过于繁重，不考虑他们的将来，不考虑他们要成年，要行使成年人的责任；不考虑年轻人马上就要进入现实社会，事先就必须接受或抵制周围的社会环境，在人际斗争中必须自卫和站稳脚跟。他们应该提前武装起来，拿起武器练习，坚忍不拔。这种必不可少的武装，这种比任何学习都重要的学习，这种扎实的常识，这种坚强的意志和精神，我们的学校没有给予他们。恰恰相反，学校远远没有让他们学到本领，反而让他们失去了为将来谋幸福的能力。离开学校，踏入社会，走进实际工作的第一步往往伴随着一系列痛苦的失败。他们因此而遍体鳞伤，长期遭受打击，有的就此一蹶不振。这是一种残酷而危险的考验。道德和精神失去了平衡，有可能都永远恢复不了。他们突然清醒了，完全清醒了，失望透顶，深感挫折。"[56]

我们刚才说的远离群体心理学了吗？绝对没有。如果想弄懂今天在群体中萌芽、明天即将诞生的观念和信仰，应该知道它的土壤是什么样的。一个国家给青年人什么教育，就可知道这个国家以后会怎么样。现在的教育预示着他们将来的前途会很灰暗。教育可以让群体的头脑部分地改善或恶化，所以有必要指出，当前的制度是如何培养这种头脑的，冷漠和中性的群众如何变成了一大群心怀不满的人，随时都会听从乌托邦分子和花言巧语的家伙的暗示。

第二章　群体主张的直接因素

1.形象、词汇和套话／词汇和套话的神奇力量／词汇的力量与其揭示的形象有关，但独立于它真正的含义／这些形象随着时代和种族的不同而不同／词汇的磨损／某些常用词意义变化极大的例子／当人们所使用的词汇让群体感到不愉快时，给某些旧词换上新名字在政治上的用处／词汇的意义根据种族的不同而不同／民主一词在欧洲和美洲的不同意义／2.幻觉／幻觉的重要性／所有文明都以幻觉为基础／社会需要幻觉／群体喜欢幻觉而不喜欢真理／3.经验／只有经验能在群众心中建立成为必要的真实，消灭已经变得很危险的幻觉／经验只有不断重复才能起作用／说服群体所需的经验之价值／4.理性／它对群体毫无影响／它对他们无意识的感情起作用时才能对他们产生影响／逻辑在历史中的作用／不可思议的事情发生的秘密原因

我们刚刚研究了间接性和预备性的因素。这些因素给群体心理一种特别的感受，能让众人产生某些感情和主张。现在，我们要研究能够以某种直接方式影响他们的因素。在下一章里，我们将看到这些因素该怎么运用才能产生应有的效果。

　　在本书的第一部分，我们研究了群体的感情、思想和推理方式。根据这些知识，当然可以笼统地推断出影响他们心理的方式。我们已经知道什么东西能触动群体的想象，知道了暗示，尤其是以形象方式出现的暗示的力量和传播过程。不过，暗示的来源可能非常复杂，可以影响群体心理的因素也会很不一样，所以有必要分开来讨论它们。这种研究不会是无用的。群体有点像古代寓言中的斯芬克司[57]：必须解决他们的心理学给我们提出的问题，否则只能乖乖地被他们吞噬。

1.形象、词语和套话

研究群体的想象力时，我们已经发现它受形象的影响极大。那些形象，并不是永远都有的，但可以通过恰当地使用词语和套话来唤起。如果运用得好，它们确实会拥有昔日魔术大师那样的神秘力量，既能在群体心中引起巨大的震荡，也知道如何平息风波。被词语和套话害死的人不计其数，骸骨堆起来可能比老胡夫[58]的金字塔更高。

词语威力的大小与它们所唤起的形象密切相关，跟它本身的意思却毫无关系。有时，意思越不明确的词越能引起行动，比如"民主""社会主义""平等""自由"等等这些词，它们的意思非常宽泛，几大本书都不足以把它们讲清。然而，它们朗朗上口，确实拥有神奇的力量，好像能解决一切问题。词语综合了各种无意识的渴望和实现它们的希望。

说理和论证敌不过某些词语和套话。人们在公众面前默祷着它们。这些词句一说出来，听众就毕恭毕敬，垂下头去。许多人把它们当作是自然力，甚至是超自然力。它们在群体的思想当中激起了壮观而模糊的形象，而这种模糊又增强了它们的神秘力量。我们可以把它们与躲藏在圣体龛后面的可怕神明相比，信徒一靠近它们就会浑身发抖。

被词语唤起的形象与词语的意思无关。词汇的组合尽管是一样的，意思却随着时代和民族的不同而不同。某些形象与某些词语有关只是暂时的，词语不过是唤它们现身的电铃按钮。

并不是所有的词语和套话都能唤起形象。有的词汇唤起形象之后便衰亡了，不再出现在人们的头脑，成了空洞的响声，使用它们主要是省得使用者思考。储存一点年轻时学的套话和常识，就能应付生活的需求了，用不着再绞尽脑汁，冥思苦想。

好好考察一下某种特定的语言，我们就会发现，组成语言的词汇在岁月的流逝中变化极慢。不断地发生变化的，是词汇所唤起的形象或人们赋予它的意义。所以我才在另一本著作中得出这样的结论：完整翻译一种语言，尤其是已经死亡的民族的语言，是绝对不可能的事情。事实上，我们怎么能用法语词汇来代替拉丁语、希腊语或是梵语词汇？哪怕想弄懂两三百年前用我们自己的语言写的书也不容易。我们只是用现代生活在我们的思想中形成的形象和观念，来取代古代生活给群体带来的完全不同的观念和形象，而当时的生存条件和现在并不一样。如果参加法国大革命的人以为自己是在模仿希腊和罗马人，他们除了赋予一些古老的词汇它们从来不曾有的意思，又是在做什么？希腊人的制度与今天我们所说的希腊人的制度能有什么相似之处？那时的共和制如果不是一种本质来说很封建的制度又是什么？几个小独裁者们开会议事，统治着一群唯命是从的奴隶。建立在这种奴隶制之上的贵族集体统治，没有了奴隶制就一刻都不能存在。

"自由"这个词，在一个连自由思考都不可能，讨论神灵、法律和城市习俗都成杀头之罪的时代，它的意思和我们今天所理解的自由有什么相似之处吗？像"祖国"这个词，在雅典人或斯巴达人的头脑里，如果不是对雅典和斯巴达的崇拜又能是什么？但对于由总是处于战争状态的敌对城邦组成的整个希腊，这个词的意思完全就不一样了。同样是"祖国"这个词，它在分成各个敌对部落，种族、语言和宗教都不同的古代高卢又是什么意思呢？恺撒轻而易举地打败了它，因为他在高卢人当中有同盟。只有罗马人在给高卢以祖国的同时，也让它在政治和宗教上得到了统一。甚至用不着追溯得那么远，回想一下两百年前，法国的各个王族，如反对自己的国君、与外国结盟的大孔代[59]，他们心中的祖国跟今天是同样的意思吗？同是这个词，它对跑到国外去的人来说，与我们现在所理解的意思岂不是大相径庭？那些逃亡者觉得与法国作战是一种荣誉，在他们看来，这是在服从荣誉准则，因为封建法律是把封臣与封主而不是土地联系在一起的，君主在哪里，真正的祖国就在哪里。

许多词的意思都这样，随着时代的不同而发生很大的变化。只有经过漫长的研究，才能懂得古人是怎么理解它们的。有人说得好，应该读很多书才能明白，对我们的祖先来说，"国王"和"王室"这类词意味着什么。对于更加复杂的词汇，情况就更是这样了。

所以，词语只有变化着的、暂时的意义，它随着时代的不同和民族的不同而变化。如果我们想通过它们来影响群体，首先必须知道，它们在一个特定时期里对群体而言是什么意思，而不是过去的意思，或对精神气质不同的个人来说意味着什么。

因此，当一个群体由于政治动荡或改变信仰，对某些词所唤起的形象感到深恶痛绝时，真正的政治家的当务之急就是改变这些词，当然，并不触及这个词所指事情的本身，那些词与旧制度的关系太密切了，无法改变。目光敏锐的托克维尔早就指出，执政者和帝国十分注意用新词来包装过去的机构和组织，也就是说，换掉可能会在群体的想象中唤起不愉快形象的词，新换的词就不会引起那种联想了。于是，"地税"变成了"地租"，"盐赋"变成了"盐税"，"间接税"变成了"间接税金"和"合并税"，商会和行会的税被叫做"营业税"等等。

政治家最重要的任务之一就是用普通的词——至少是中性的词——换掉群体无法忍受的旧名词。**词语的威力太强大了，只要好好选择，就可以给最讨厌的东西取个好名，让大家都接受**。泰纳一针见血地指出，雅各宾党人能一边说着"自由""博爱"这类当时很流行的词，一边"建立与达荷美[60]有得一比的专制政权和不逊于宗教裁判所的法庭，进行与古代墨西哥相似的人类大屠杀"。统治者的艺术，如同律师的辩术，主要是要懂得如何遣词造句。这一艺术最难的地方之一,是在同一个社会,同样的词对不同社会阶层的人往往具有不同的意思。他们表面上用的是同样的词,说的实际上是另一种语言。

在上述例子中,我们主要是以时间为主要因素来改变词语的意思。如果使用种族作为因素,我们也会看到,在同一个时期,在同一文明但种族不同的人群中,同样的词也往往具有很不相同的意义。不走遍天下是不可能懂得这些区别的,所以我无法强迫所有人接受这一点,只是想指出,对不同的民族来说,群体使用越多的词意思相差越大,比如"民主"和"社会主义"这类词,今天使用得太频繁了。

其实,对拉丁民族和对盎格鲁－撒克逊民族来说,它们的意思和形象完全不一样。对拉丁民族而言,"民主"这个词主要指的是面对由国家代表的集体意志所倡导的东西,个人应该让步。国家越来越多地负责领导一切,集中、垄断和制作一切。一切党派,毫无例外,不管是激进主义者、社会主义者还是无政府主义者,有事就找国家。而在盎格鲁－撒克逊民族当中,尤其是在美国,同是"民主"这个词,意思恰好相反,它强调的是个人意志,国家要尽可能完全消失,除了警察、军队和外交关系,它什么都不管,甚至包括教育。所以,同一个词,对一个民族来说意味着个人意志和主动权的放弃,让国家来起重要作用,而对另一个民族来说,指的是这种意志和主动性的极大发展,国家完全隐退。[61]

2. 幻觉

自文明诞生以来，群体一直在受幻觉的影响。他们把高大的殿堂、雕像和祭坛献给制造幻觉的人。无论是以前的宗教幻觉，还是今天的哲学和社会幻觉，这些至高无上的东西，历来能在我们这个世界的各种文明中找到。正是以它们的名义，人们建造了巴格达和埃及的神庙以及中世纪的宗教建筑；一个世纪前，整个欧洲都为之动荡。我们的艺术、政治和社会思想无不深深地打上它们的烙印。人们有时不惜以巨大动乱为代价，企图消灭它们，但最后好像总是要请它们回来。没有它们，人类似乎就走不出原始的野蛮；没有它们，人类很快就会回到野蛮之中。这是一些无用的影子，也许是这样，但我们梦想中的这些产物，却使各民族创造出了最辉煌的艺术和最伟大的文明。

> "如果在博物馆和图书馆里，毁掉所有受宗教启发的作品；在教堂前的石板路上，推倒相关的艺术杰作，人类巨大的梦想还能剩下些什么？"某作者在综述我们的主张和观点时这样写道，"给人类一点希望和幻想吧，否则他们将无以为存。那是神明、英雄和诗人存在的理由。五十来年，科学好像要承担这个任务，但在人们渴望理想的心中留下了

不好的印象，因为它不敢随便允诺，不会撒弥天大谎。"[62]

18世纪的哲学家无情地破坏我们的祖辈经历了几百年的宗教、政治和社会幻觉。在破坏的同时，他们也让希望和屈从的源泉干涸了。在这些被牺牲的幻觉中，他们找到了大自然的力量。那些力量装聋作哑，对弱者冷酷无情，根本不懂得怜悯。

哲学虽然取得了种种进步，但现在还不能给民众提供让他们着迷的理想。由于迫切需要幻觉，他们便像趋光的昆虫，本能地扑向出现在他们面前的雄辩家。民族发生演化的主要原因，不是真理，而是谬误。社会主义今天之所以这么强大，是因为这是至今仍然活跃的唯一幻想。尽管出现了种种科学发明，它仍继续壮大，主要原因就是它受到了某些人的拥护。这些人无视现实，所以敢于向人们许诺幸福。今天，这种幻想笼罩在由过去堆积而成的废墟之上，未来是属于它的。**群体从来不渴望真理**。面对他们不喜欢的明显事实，它们会转过身去，宁可把谬论奉为神明，只要这种谬论吸引它们。谁能让他们产生幻想，谁就能轻易地主宰他们；谁试图破灭他们的幻想，谁就将永远成为他们的敌人。

3. 经验

要让真理深深地扎根在群众的思想当中，摧毁已变得很危险的幻觉，经验可以说是唯一有效的办法。这种经验的获得必须范围广阔且经常重复。这一代的经验对下一代往往没用，所以，历史事实用来作为依据并不可取，它们的唯一用处，是证明了经验必须一代代重复才能产生若干影响，才能动摇已深入人心的某种错误。

我们这个世纪和上一个世纪，也许会被未来的历史学家作为经验奇特的时代而经常提到。没有哪个时代有过那么多的尝试。

其中规模最大的试验是法国大革命。不能根据纯理性的指导，来重新创造一个新社会，为了明白这个道理，牺牲了几百万人的生命，让整个欧洲动荡了二十年；为了用经验向我们证明，恺撒让拥戴他的民族付出了巨大的代价，必须在五十年当中经历两次毁灭。尽管这些经验清清楚楚，但都没有足够的说服力。第一个例子牺牲了三百万人的生命并受到一次入侵，第二个例子使国土遭到分割，不得不建立永久性的军队；第三个例子不久前差点发生，但总有一天会发生。为了让全体人民明白，德国庞大的部队不像人们在三十年前所知的那样，是一支不会侵犯别国的国民卫队[63]，得爆发一场让我们付出惨痛教训的可怕战争；为了明白贸易保护主义毁了实行这一政策的民族，至少得遭受二十年的灾难。这样的例子数不胜数。

4. 理性

盘点能给群众心理留下深刻印象的各种因素时，可以完全不提理性，除非是要指出它的负面价值。

我们已经说过，群体不会受理性的影响，只明白粗粗地拼凑起来的观念。所以，懂得如何影响他们的演说家，从来只针对他们的感情而绝不理会他们的理性。逻辑规则对他们没有任何用处。[64]要说服群体，首先必须察觉到他们被激起的感情，假装与之分享，然后试着去修改它，以粗略组合的方式，唤起某些富有暗示意义的形象；必要的时候要懂得半路折回，尤其要随时猜测他们所产生的感情。必须根据演说的效果不断调整自己的措辞，这会大大好过事先经过思考和准备的演讲。一个演说家，如果只顾着自己的思路说话而不顾听众的感受，是绝对产生不了什么影响的。

讲逻辑思维的人，往往只相信经过一系列严密推理所得出的结果。为了说服群体，他们也会不由自主地使用这种办法，但没有效果，他们总是感到奇怪。"数学运算的结果通常是建立在三段论的基础之上的，也就是说恒等式的组合，"某逻辑学家写道，"其结果是必然的……这种必然性甚至对无机物也不例外，只要它也根据这一公式进行演算。"也许是这样，但群体并不比无机物更懂得演算，他们甚至都弄不懂这些公式。如果试着用推理的办法去说服头脑简单的人、野蛮人或是儿童，人们会发现，这种推理方式不会有什么价值。

甚至用不着降低到原始人的水平就可以发现，理性与感情斗，往往会一败涂地。我们只需想想，在长达数百年的时间里，有的宗教迷信根本就不符合逻辑，可它们是多么顽强。在差不多两千年的时间里，最聪明的天才也要屈从于它们的规矩，直到近代，才有人挑战其真实性。中世纪和文艺复兴时期有许多开明人士，却没有一个人能清醒地看到自己的迷信中幼稚的一面，也没有一个人对魔鬼的恶行产生丝毫的怀疑，质疑烧死巫师的必要性。

理性从来就不曾指导过群体，这值得后悔吗？我们不敢这么说。理性把人类带向了文明之路，但缺乏幻觉所激起的那种热情和勇敢。这些幻觉也许是必要的，它们是支配我们的无意识造成的。每个种族在自己的精神成分中都有命中注定的定律，他们所服从的也许就是这种定律，出于一种不可避免的冲动，甚至产生明显很不理性的冲动时也是如此。有时，各民族似乎会服从一种神秘的力量，那种力量能让橡栗变成橡树，或让彗星绕着自己的轨道走。

哪怕是想感知一点点这种力量，都应该考察一个民族的整个发展过程，而不是研究有时似乎会促成这种演变的孤立事件。如果只看到这些孤立的事件，历史会让人觉得是不可思议的偶然所致。加利利一个什么都不懂的木匠[65]在两千年里成为一个无所不能的神，所有重要的文明都以他的名义来创造，这很难想象；同样，几群从沙漠里来的阿拉伯人能征服希腊罗马旧世界的大部分疆土，建立起比亚历山大王国还要强大的帝国，也是闻所未闻；在十分古老、等级制度极其严格的欧洲，一个默默无名的炮兵中尉成功地统治了数个民族和国王，这更不可思议。

我们还是把理性留给哲学家吧，请它不要过多干预人类的统治。像荣誉、自我牺牲、宗教信仰、光荣和爱国这类感情，不是因理性而产生的，恰恰相反，很多时候正因为没有理性，这类迄今仍为各种文明强大动力的感情才成为可能。

第三章　群体领袖及其说服方式

1. 群体的领袖／所有成群的动物都本能地服从某个领袖／领袖的心理／只有他们能创造信念，并把群体组织起来／领袖必然独裁／领袖的分类／意志的作用／2. 领袖的行为方式／断言、重复和传染／这些不同因素各自的作用／传染如何从社会底层波及高层／民众的意见很快就会成为普遍的意见／3. 声望／声望的定义和分类／天生的声望和个人声望／各种例子／声望是如何受到破坏的我们已经知道群体的精神构成，也知道了什么动机能影响它们的思想。现在，我们要研究这些因素应该如何使用，由谁来使用才能有效地产生作用。

1. 群体的领袖

一定数量有生命的东西聚集在一起，不管是动物还是人，都会本能地处于一个首领的领导之下。

在人类群体中，真正的领袖往往都是发起人，所以，他们具有至关重要的作用。大家都以他的意志为转移，他的意见就是大家的意见。他是异质性群体中最重要的人物，准备按等级把他们组织起来，在这之前，先由他来领导众人。群体是群温顺的羊，决不能没有首领。

领袖起初往往都是被领导者，他本人也需要被某种思想所迷惑，然后才能成为这种思想的拥护者。这种思想侵占了他的头脑，除了它，别的思想全都消失了，与之相反的所有观点他觉得都是错误的、迷信的。比如罗伯斯庇尔，他就被卢梭的哲学思想迷住了，使用宗教裁判所的方式来传播它。

领头人并不总是思想者，而是行动者。他们缺乏远见，不可能有远见，远见往往会让人走向怀疑和无为。他们更多是属于神经质的人，容易冲动，半疯不疯，再走半步就会与疯子为邻。不管他们捍卫的主张或追随的目标是多么荒谬，面对信仰，所有的理性都是多余的。蔑视或处决吓不倒他们，反而只能更加激起他们的反抗。他们可以牺牲个人和家庭的利益，连自我保护的本能也失去了，以至于他们唯一想得到的回报就是成为牺牲者。强烈的信仰使他们的语言充满了巨大的暗示力量。许多人都愿意听意志强大的人说话，这些人懂得如何把自己的观点强加给他们。聚集成群的人失去了自己的意志，本能地走向某个有主见的人。

各民族永远都不会缺少领袖，可并非所有的领袖都拥有能让人信奉的强大信仰。领袖们往往是巧舌如簧的演说家，他们只追逐自己的个人利益，设法通过恭维来说服心智低下的人。他们产生的影响可能很大，但总是为时不长。能唤起民众情绪、具有强烈信仰的伟人，比如遁世彼得、路德、萨伏那洛拉[66]以及法国大革命中的那些人物，他们被某种信仰迷住之后，才能以此吸引别人。那时，他们便可以在民众的思想中创造这种被叫做信仰的强大力量，它会让人死心塌地成为自己实现梦想的奴隶。

创造信仰，不管是宗教信仰、政治信仰、社会信仰，还是对一部作品、一个人物、一种主张的信奉，这是伟大领袖的主要作用，也正因为如此，他们的影响才如此之大。在人类拥有的所有力量当中，信仰的力量永远是最强大的，《圣经》里说它有排山倒海的力量，这是有道理的。给人信仰，就是给他增添力量。历史上的重大事件都是由默默无闻的信徒发端的，他们除了自己的信仰一无所有。创造出主宰这个世界的伟大宗教的，不是文人和哲学家，更不是怀疑论者，也不是从一个半球扩张到另一个半球的巨大帝国。

不过，在这些例子中，我们讨论的是那些最伟大的领袖。这种领袖非常罕见，历史上都很难数出几个。从最伟大的领袖到普通工人，在这连绵不断的山脉中，领队人代表着最高峰。底层的工人，在烟雾缭绕的小酒馆里，不断地重复自己都不懂的话，慢慢地吸引他的同伴。据他说，只要这样做了，就肯定能实现所有的梦想和希望。

在所有的社会领域里，从最高贵的人到最低贱的人，人只要不是孤立的，很快就会信任某个领袖。大部分人，尤其是普通民众，除了自己的专业，对事情并没有一个明确、理性的看法。他们不知道如何行动，领袖就是他们的带路人。这种领导作用也可以完全（但远远不足以）被某些定期发表的文章所代替，这些文章给读者提供观点和现成的句子，用不着他们再去思考。

领袖的权威非常专制，也正因为这种专制，他的权威才能让人接受。我们发现，他们让人服从是件多么容易的事情，尤其是在最喜欢闹事的工人阶层，尽管没有任何手段来支持他们的权威。他们决定工人工作时间的长短和工资的幅度，决定是否罢工，让工人们在固定的时间里上班和下班。

今天，随着公共权力部门受到的质疑越来越多，力量越来越小，领袖越来越倾向于代替它们。新主子的专制让群体更温顺地服从他们，远比服从任何政府温顺。如果由于某种意外，领袖消失了，没能马上找到人来代替，群体又会变成一个没有凝聚力和抵抗力的组织。巴黎的公共马车车夫罢工时，只需逮捕领导罢工的头目，罢工马上就停止了。群体最想得到的，并不是自由，而是被奴役。他们非常渴望服从，本能地臣服于自称为他们领袖的人。

我们可以把领导阶级作一个明确的划分。第一类是强有力的人，意志坚强，但持续的时间很短；第二类比第一类少很多，他们的意志坚强而又持久。第一类粗暴、大胆、勇敢，尤其擅长指挥突击战，带领大家冒着危险往前冲，他们能把前一天刚刚招来的新兵变成英雄。这样的人，第一帝国时期有内伊和穆拉；今天有加里波第[67]，这是一位冒险家，缺乏才能，但精力旺盛，带领一小部分人就占领了由纪律部队守卫的古老的那不勒斯王国。

尽管这些领袖充满活力,但他们的热情持续时间很短,刺激他们的东西消失了,这种热情也就熄灭了。回到普通生活中之后,这些曾经热血沸腾的英雄,像我刚才提到过的那几位,常常暴露出惊人的弱点。他们好像不会思考,在最简单的环境下都会不知所措,而之前他们指挥他人时是多么干练。只有在自己也被领导、不断地受到刺激、上面永远有个人或思想指导他、可以沿着一条画得清清楚楚的行动路线走下去的前提下,这些领袖才能起作用。

第二种领导,意志持久,尽管看起来没那么神气,但影响要大得多。他们往往是宗教创始人或是创造了丰功伟绩的人:圣保罗[68]、穆罕默德、克里斯托弗·哥伦布[69]、雷赛布[70]。他们聪明过人,还是智慧有限,这不重要。世界将永远属于他们。他们所拥有的持久意志是一种十分罕见而强大的能力,能战胜一切。对一种强大而持久的意志,怎么评价都不为过:没有任何东西能阻挡它,无论是自然、神灵还是人。

强大而持久的意志能干成什么事,最近有个很好的例子:有个名人(雷赛布)分开了两个世界,完成了最伟大的统治者都没能完成的壮举。他后来在一件类似的大事中失败了,岁月不饶人啊,年龄大了,一切都消退了,包括意志。

如果想知道光凭意志就能干什么事,只需好好看看他为挖掘苏伊士运河克服了一些什么困难。卡扎里医生是个见证人,他用几行激动人心的文字,概述了由其不朽的作者口述的那个伟大工程："他每天都一段段地讲述关于运河的壮举，讲述了他必须克服的一切困难、他所完成的不可能完成的任务，讲述他遇到的所有的障碍，抵制他的同盟，失望、失败、挫折。但这些从来都没能让他泄气，也没有击倒他。他回想起英国人不断地打击他攻击他，埃及人和法国人则犹豫不决。工程之初，法国领事反对得比任何人都积极。人们抵制他，不给他的工人们喝淡水，想渴死他们；海军总部和工程师们，所有严肃认真的人，有经验的人，懂科学的人，当然全都反对他，都从科学上断定他会遭到灾难，并且计算日期，作出预言，就像某日某时会出现月食一样。"

讲述这类杰出领袖生平的书，不会太多，但在人类的文明史上，他们的名字将与文明史上最伟大的事件联系在一起。

2. 领袖起作用方式：断言、重复和传染

如果要迅速带领一帮人，让他们下决心去做某件事：抢劫宫殿、为保护要塞或街垒而牺牲自己，必须通过迅速的暗示来影响他们，最管用的还是榜样的力量；但此时的群众应该已有心理准备，尤其是想带领他们的人应该拥有我接下来

要研究的那些可用"声望"来形容的品质。

但如果是让思想和信念深入群体的头脑——比如说，关于现代社会的各种理论——领袖的办法就不一样了。**他们主要采取三种很明确的办法：断言、重复和感染**，其作用来得相当慢，但一旦生效，便会相当持久。

断言简单明了，完全不用说理和证明，这是让某种观念进入群体头脑最有效的办法之一。断言断得越干脆，越没有拖拖拉拉的证明和解释，便越有权威。各时代宗教典籍和法典都采用这种简单的断言。负责捍卫某某政治事业的政客，通过广告宣传产品的企业家，他们都懂得断言的价值。

然而，断言只有不断重复才能产生真正的影响，而且往往都重复相同的措辞。我相信拿破仑说过，修辞中最有效的就是重复。通过重复而被肯定的东西会深入人们的思想，让他们把它当作是一种经过检验的真理来接受。

想知道重复对群体的影响，看看它对最清醒的那些人有多大影响就可以了。来自重复的这种力量，最后会铭刻在人们的无意识深处，产生行动的动机。人们很快就会忘记这种不断重复的论断是谁下的，都对它深信不疑。这就是广告的巨大力量。当我们一百次、一千次地读到X牌是最好的巧克力，我们会觉得到处都听到大家说好，最后也就深信不疑了。当我们一千次读到Y牌药粉治好了某某名人的顽疾，哪天我们得了同一种病，我们也会去想着去试试。如果我们在同一份报纸上老是读到A是最大的恶棍，B是最诚实的好人，我们最后也会这样以为，除非我们经常阅读另一份意见相反或说法完全不同的报纸。断言和重复都很强大，只有它们可以互相一博。

断言重复到一定的次数，就得到了大家的一致认可，就像某些著名金融机构富裕得可以收购所有竞争者一样，形成了所谓的倾向性意见，这时，强大的传染机制就开始起作用了。在人群中，观念、感情、激情和信念拥有的传染力跟细菌一样厉害。这种现象非常自然，因为我们看到动物一旦结成群体也会如此。马厩里的一匹马有什么怪癖，很快就会被同一马厩里的其他马所模仿。几头绵羊产生恐慌和混乱，很快会波及整个羊群。在人群中，情绪很快就会传染，所以恐慌才会来得那么突然。大脑的混乱，比如说疯狂，本身也有传染性。大家都知道，精神病医生常常得精神病。最近有人甚至列举了某些发疯的形式，比如广场恐慌症，就可以从人传给动物。

并不一定要大家同时出现在某一地点才会传染。在某种事件的影响下，传染是可以远距离进行的。这种事件把所有的人引到同一个方向，赋予他们群体的特征，尤其是当这些人受到过我前面研究过的间接因素的影响，心理已有准备。比如1848年革命从巴黎爆发，迅速波及欧洲的大部分地区，动摇了许多君主统治。

模仿被认为对社会现象有重大影响，其实，它只是传染的一个小小的结果而已。我在其他地方已经谈过这种影响，

在此我只引用我十五年前说过的话,别的作家最近在出版物中对此作了补充:

> "人像动物一样,也有模仿的本性。对他来说,模仿是一种需要,当然,前提是这种模仿必须十分简单。对模仿的这种需要让所谓的时尚具有很大影响。不管是思想观点也好,文学活动也好,甚至包括习俗,多少人敢反潮流?引导群体靠的不是论据,而是榜样。每个时代都有一小部分个性很强的人在传播自己的行为,而群众则在无意识地模仿。然而,这种个性不能离积习太远,否则太难模仿,也就谈不上什么影响了。正由于这个原因,太超前的人往往对群体影响甚微。差距太大了。出于同样的原因,欧洲人以及他们优秀的文明对东方民族并没有多大的影响,他们之间的区别太多了。
>
> "历史与模仿,这双重活动最后会使同一时期、同一地区的所有人具有相同的特点,甚至对好像应该最免俗的人,如哲学家、学者、文学家来说也同样。他们的思想和风格好像同出一家,让人一眼就能认出是什么时代的东西。跟一个人用不着谈太久,就能全面了解他读什么书,平时干什么,生活在什么环境里。"[71]

传染的力量如此强大，它不但可以把某些观点强加于人，甚至能传播某些感觉方式。这种传染让人在某一个时期蔑视某些著作，如《唐豪塞》[72]，几年后，又让那些把它贬得最厉害的人对它赞不绝口。

群体的主张和信念主要是通过传染而不是通过说理传播的。工人们现在的主张是在小酒馆里通过断言、重复和传染确立的。各时代的群体信念无一例外，都是这样创造的。勒南[73]曾把最初创造基督教的人比作"出入小酒馆传播思想的社会主义工人"，这相当有道理。关于基督教，伏尔泰曾指出："在一百多年的时间里，只有最邪恶的家伙接受过它。"

人们将注意到，在类似我刚刚引用过的例子当中，传染先是影响到平民阶层，然后延伸到社会高层。我们现在看到的社会主义理论就是这样，它首先征服被当作牺牲品的人。传染的力量太强大了，它一旦发挥作用，个人利益也会被置之度外。

所以，被大众所普遍接受的观点最后都会以强大的力量强加于社会最高层，不管这种占上风的观点是多么荒谬。在这里，社会底层对高层的影响显得很奇怪，尤其是因为群体的信念或多或少总是来自某些思想高深的头脑，它在其诞生的阶层往往没有影响。被这种思想折服的领袖占有了它，对它进行歪曲，创造了一个宗派，这个宗派又对它进行歪曲，然后在群体当中传播，而群体则继续歪曲它，越来越甚。成为普遍的真理之后，它又以某种方式回到源头，对一个民族的高层产生影响。最后引领世界的是智慧，但它是在相当遥远的地方才起作用。当这些思想通过我刚刚描述的机制，最终取得胜利的时候，创造它们的哲学家们早已魂归尘土了。

3. 声望

被断言、重复和传染所推广的思想之所以强大，是因为它最后总会获得被叫做"声望"的神秘力量。

在这个世界上起统治作用的，无论是思想还是人，主要都通过这种不可抵抗的力量让人接受，我们用"声望"这个词来称呼它。这个词的意思大家都明白，但使用得太泛，弄得很难给它下定义。声望可能带有某些感情色彩，如敬仰或恐惧；有时，这些感情会成为它的基础，但它也可以完全没有它们。声望最高的，是那些死了的人，所以我们用不着害怕，比如亚历山大、恺撒、穆罕默德、佛陀。另一方面，有些人或虚构的故事，我们并不喜欢，比如印度地下神庙里可怕的神祇，但我们也觉得他们拥有崇高的声望。

声望其实是一个人、一部作品或是一种思想对我们的精神统治。这种统治麻痹了我们的批评能力，让我们的灵魂充满惊讶和崇敬。这种被激发出来的情绪像所有的感情一样，是难以解释的，但应该与迷恋某种神奇的东西属于同样性质。声望是获得权威的最有效手段，没有它，神灵、国王和女性都无法进行统治。

我们可以把各种声望归纳成两类：获得的声望和个人本身的声望。天生的声望是姓氏、财富、名声所给予的，它可以独立于个人的声望。个人的声望则相反，是属于个人的某些东西，可以与名声、荣誉和财富共处，或由它们来加强，但也完全可以不靠它们而存在。

获得的声望，或者叫"人为的声望"传播得更广。一个人只要占有某个位置，拥有一定的财富，被赋予某些头衔，他就有了声望，不管他个人是多么没有价值。一个穿制服的军人、一个穿红袍的法官永远都会有声望。帕斯卡尔[74]说得对，法官需要法袍和假发，没有了这些东西，他就失去了四分之三的威望。看见国王或侯爵，最粗鲁的社会主义分子也会激动。只要拥有这些头衔就可以随意敲诈商人，想要什么就要什么。[75]

我刚才所说的声望是人的声望。思想观点、文学或艺术著作等带来的声望，我们可以另行讨论，它们往往是人们不断重复所造成的。历史，尤其文学和艺术的历史，不过是重复同样的判断，谁也不会去核实真伪，最后，大家都重复自己从学校里学来的东西。有的名字和事情没人敢提出异议。对于现在的读者来说，荷马的著作读起来无疑很乏味，但又有谁敢说？帕特农神庙现在已破败不堪，成了一堆废墟，毫无观赏价值，但它拥有的声望太大了，我们已看不到它的真实状况，而是把它与一系列历史回忆联系了起来。声望本身会妨碍人们看清事实的本来面目，麻痹我们的判断力。群体，尤其是个人，在任何问题上总是需要现成的观点。这些观点之所以受欢迎，与它是对是错没有关系，只与它的声望有关系。

现在我来谈谈个人声望。它与我刚才所说的人为的声望或获得的声望性质完全不一样。这是一种与任何头衔、权威都无关的能力，只有一小部分人具备。拥有它的人能深深地吸引周围的人，即使他们具有相同的社会地位，不存在通常意义上的领导与被领导的关系。这类人能让身边的人接受自己的观点和感情，大家服从他们就像猛兽服从它们本来可以轻而易举地吃掉的驯兽师一样。

群体的伟大领袖，比如佛陀、耶稣、穆罕默德、圣女贞德、拿破仑，都享有很高的声望。正因为如此，他们才能被人接受。神明、英雄和信条都具有迫使大家接受的力量，而且不允许讨论。一讨论，他们的声望就荡然无存了。

我刚才列举的大人物，早在他们出名之前就拥有这种迷人的力量了，没有这种力量他们也不能成名。当然，拿破仑到达荣誉巅峰的时候，通过自己的权力建立了巨大的声望，但这种声望，他在毫无权力、尚无名气时就已经拥有一部分。当他还是一个默默无闻的将军时，由于有靠山，被派去指挥一支意大利军队。一群粗鲁的将军准备给督政府派来的这个年轻的外来者一个下马威。但一开始，从第一眼看到他起，他还没有说话，也没有任何动作，没有咄咄逼人，他们就被这位未来的伟人征服了。泰纳根据当时的回忆，对那次会面作了有趣的描述：

"部队的将军们，其中包括奥格罗，那是个勇敢而粗俗的老兵，人高马大，大胆无畏，傲慢无比，大家很不愉快地来到司令部见那个从巴黎派来的矮个子。听完关于此人的描述，奥格罗骂骂咧咧，事先就一副不服管的样子：巴拉斯[76]的宠臣，葡月[77]上台的将军，一个马路将军，被人戏称为熊，因为拿破仑总是在独自思考，其貌不扬，据说算术很好，经常神不在焉。将军们被引荐给他，但波拿巴让他们等了好久才出来，佩着剑，穿戴整齐，口述计划，下达命令，然后把他们打发走了。奥格罗哑口无言，到了门口才恢复镇定，像往常一样骂出声来。他跟马塞纳将军一样，觉得这个小个子……将军让他感到害怕。他不明白为什么一看到拿破仑，就被那种气场给镇住了。"

成了大人物之后，拿破仑的声望与日俱增，荣誉加身，说他是信徒们眼中的神，一点都不夸张。旺达姆将军是大革命时期的老兵，比奥格罗还要野蛮和粗暴，1815年的某一天，他和奥纳诺元帅一起登上杜伊勒里宫的台阶时，说："老兄，那家伙对我来说有一种迷人的力量，真没想到。我这个人天不怕地不怕，但当我走近他的时候，我差点像孩子一样发起抖来，他好像要让我穿过针眼，把我投入火中一样。"

拿破仑对所有接近他的人都有同样的魅力。[78] 达武[79]在谈到他和马雷对拿破仑的忠诚时说："如果皇帝对我们两人说：'毁灭巴黎，一个人都不能逃出去，这对我的政治利益很重要。'我敢肯定马雷会保守秘密，但还是会打折扣，让家人逃走。而我呢，我怕引起他的怀疑，所以让妻子和孩子们留在城里。"

记住这种魅力有多大力量，才会明白他为什么能漂亮地从厄尔巴岛[80]杀回来。法国很快就被这个孤独者征服了，他面对的是一个大国的强大武装，大家应该都已厌倦他的独裁统治了。但他只需看一看派去抓他的将军，那些发誓要抓住他的人，就全都乖乖地投到了他的门下。

"拿破仑乘船来到法国时几乎是孤身一人，"英国将军沃斯里写道，"他像个逃犯，从厄尔巴小岛逃出来，那是他的王国。几周内，他就成功地推翻了法国在合法国王统治下的所有权力机构，没有流一滴血：还有比这更大的个人影响力吗？可在这场战役的全部过程中——这是他的最后一场战役，他又对同盟国施加了多大的影响，迫使他们让他牵着鼻子走啊！差一点，他就要把他们全都打败了。"

他死后，声望仍在，而且在继续扩大。这种声望让他默默无闻的侄子[81]当上了皇帝。看到他的传奇今天还在流传，便可知道这个巨大的影子现在还有多大的威力。只要愿意，就可以虐待别人，可杀人百万，侵犯一个个国家。如果你拥有足够的声望和维持这种声望所需的才能，你就可以为所欲为。

我在这里所举的关于声望的例子有些特殊，也许吧，但要让人懂得重要的宗教、学说和王国是如何诞生的，举这个例子是有必要的。如果声望不能对群体产生强大的影响，就很难理解那些东西的诞生。

但声望并不仅仅建立在个人声望、军事业绩和宗教敬畏之上，它可以有更普通的来源，但也同样了不起。我们这个时代可以提供很多这样的例子——最惊人的例子之一，也是后人一代代都没有忘记的，是那个改变了世界的面貌、改变了两个大陆之间民间商贸关系的杰出人物。他凭借自己坚强的意志和身上的魅力，成功地完成了自己的事业。为了说服一致反对的意见，他只需挺身而出。他讲了几句话，反对者就被他的魅力所折服，成了他的朋友。尤其是英国人，他们曾猛烈地抨击他的计划。但他去了英国之后，立即就获得了普遍的支持。后来，他到了南安普敦，一路上大钟为他而鸣。现在，英国正准备为他立一尊塑像。"征服了所有的人与事、沼泽、岩石和沙地之后"，他不相信自己还有什么过不去的坎，想在巴拿马再创苏伊士运河的辉煌。他采用了相同的办法，但岁数不饶人，而且，信念虽然能排山倒海，但前提是这山不能太高，海不能太深。山搬不动，随后而来的灾难便毁掉了围绕在这位英雄身边的灿烂光芒。他的一生告诉我们，声望如何扩大，也可以如何消失。与历史上最著名的英雄平起平坐、分享荣誉之后，他被自己国家的法官拽入社会的最底层，跟罪大恶极的人关在一起。他死了之后，棺材凄凉地在各式人群中穿过。只有外国要人会去凭吊他，把他当作是历史上最伟大的人物之一。[82]

刚刚所举的例子都很极端，但要详细解释关于声望的心理，就必须选择极端的例子，不是宗教和王国的创始人，就是试着向邻居炫耀新衣或装饰的普通人。

我们把科学、艺术、文学等文明要素中各种形式的声望，放在远离两个极端的中间来考察。大家将看到，声望是说服他人的最基本要素。不管有意无意，拥有声望的人、主张或物品，会通过传染的方式被人迅速模仿，把某种感觉和表达思想的方式强加给一代人。这种模仿往往是无意识的，正因为如此，它才是完美的。现代画家模仿某些早期艺术作品已经模糊的色彩和生硬的动作时，根本不知道他们的灵感来自何方。他们以为自己是真诚的，但如果不是某位杰出的大师复活了这种艺术形式，人们至今仍只看到幼稚和低级的一面。还有的人，学习另一个著名的大师，画布上涂满了紫色的色块，他们在大自然看到的紫色并不比五十年前更多，而是受到了某位画家特殊印象的暗示。这个画家尽管怪异，但还是得到了巨大的声望。在文明的各因素当中，这种的例子不胜枚举。

通过上面的例子，大家可以清楚地看到，有些因素会成为获得声望的根源：其中最重要的永远是成功。所有的成功人士，所有被人接受的主张，都不会再受到质疑。成功是声望的基础之一，因为成功一旦消失，声望几乎也会同时消失。人们前一天还欢呼的英雄，如果遭到了失败，第二天就会被群众喝倒彩。声望越大，反弹便越强烈。那时，群众会把跌下来的英雄当作是自己的同类，为之前对他的卑躬屈膝进行报复，因为他现在已不再高人一等。当罗伯斯庇尔砍下他的同伴和许多人的脑袋时，他拥有崇高的声望；当选举少了几张票，让他失去了权力时，他立即就失去了这种声望。人们赶去看他被砍头，就像前一天去看被他砍头的人一样，而且骂得同样难听。信徒们砸烂旧日的神像时总是义愤填膺。

被失败剥夺的声望很快就会失去。声望也会因争论而受到减弱，但时间要慢一些，不过影响是肯定的。受到争论的声望已经不是声望了。能够长期保持声望的神和人，是从来不允许对他们有任何争论的。要得到群众的敬仰，就要永远与他们保持距离。

第四章　群体信念与主张的变化范围

1. 牢固的信念／某些普遍信念恒久不变／它们引导着某种文明／很难根除它们／为什么宽容对民族来说是一种美德／普遍信念在哲学上的荒谬并不能影响它的传播／2. 群体多变的主张／不是来自普遍信仰的主张极其多变／某些主张和信念在不到一百年的时间里变化明显／这些变化的真正局限／受到变化影响的因素／现阶段普遍信念的消失和报纸的迅速发展让主张越来越多变／群体为什么在大部分问题上都显得漠不关心／政府像以前一样无法左右群体的主张／现阶段意见的分歧使政府无法独裁

1. 牢固的信念

生物内在的解剖特征和心理特征非常相似。在解剖特征中,我们发现有些成分是不会变的,或者变化很小,需要以地质年代为计量单位才能看见它们的变化。除了这种稳定的、不可改变的特征之外,还有一些十分活跃的特征,环境、养殖技术和园艺技术很容易改变甚至遮掩,有时,观察者稍不当心,就会看不见它们的基本特征。

在道德特征方面,我们也发现了同样的现象。除了种族不可改变的心理成分,还有一些活动的、多变的成分。所以,研究一个民族的信念和主张时,我们总能发现有个非常坚实的基础,附着在上面的主张就像岩石上的流沙一样极其多变。

所以说,群体的信念和主张分两个非常明显的层次。一方面是恒久、强烈的信念,能持续几个世纪,整个文明都可以建立在它上面，比如过去的封建意识、基督教思想和宗教改革思想，又如现在的民族主义原则、民主和社会观念；另一方面，是暂时的、多变的主张，它们往往来自普遍的观念，每个时期都有生有灭，指导某一时期艺术和文学的理论就是这类主张，如产生了浪漫主义、自然主义和神秘主义的理论等等。它们往往跟时尚一样表面而多变。那是一些小小的涟漪，不断地在深深的湖水表面泛起和消失。

伟大的普遍信仰通常数量都非常有限。对于每个历史悠久的民族来说，这些信仰的诞生和灭亡都意味着它的历史高峰，构成了文明的真正基础。

在群体的心中形成一时的主张非常容易，建立长期的信念则很难，而后者一确立，要消除它也同样难。想改变它，往往要以暴力革命为代价，而革命也只有在信念几乎完全失去对人们的精神控制时才有这种力量。可以说，革命是用来最后扫除残渣的，可习俗的枷锁总是不让人们彻底将之抛弃。革命的开始其实就是信念的结束。

一种重大信念走向衰亡的确切日期是很容易发现的，即它的价值开始受到质疑的那天。所有的普遍信念都是一种虚构的东西，经不起检查，一检查就会送命。

然而，尽管信念已风雨飘摇，建立在它上面的制度却仍保持着自己的力量，慢慢才会消亡。当它最终完全失去自己的力量时，它所支撑的一切马上就会轰然倒塌。一个民族，如果不马上改变文明的所有因素，就无法改变自己的信仰。

它会改变这种文明,直到找到可以接受的新的普遍信念。在这之前,它当然会处于无政府状态。普遍信念是文明必不可少的支柱,影响着思想的发展方向,只有它能启发新的信念,让人产生责任意识。

各民族都能感觉到获得普遍信念的作用,本能地懂得,这种信念的消失对他们来说就意味着灭亡。罗马人狂热地崇拜罗马,这样的信念让他们成了世界的主人。而当这种信念消失的时候,罗马也就存在不了多久了。摧毁了罗马文明的野蛮人,也只有获得了某些共同信念时,才能结成某种同盟,摆脱无政府状态。

所以,各民族都毫不留情地捍卫自己的事业。这种毫不留情从哲学上来看是很值得商榷的,但却是民族生命中最重要的品质。正是为了创造或维护普遍信念,中世纪才堆起了焚烧的柴堆。那么多发明者和创造者,他们让人避免了痛苦,自己却在失望中死去。为了保护这些信念,世界才如此动荡,数百万人死于战场,而且以后还会再死。

建立普遍信念是很不容易的,但它们一旦被确立,就力大无穷,长期无法战胜。不管它们在哲学上有多么荒谬,但最智慧的人也会接受它。一千五百多年来,欧洲各民族不是把那么野蛮的宗教传说都当作无可辩驳的真理吗?其实我们仔细研究一下,就会发现它们跟摩洛克[83]的神话一样残酷[84]。某个神因为自己的造物不听话,便惩罚自己的儿子,对他施以酷刑。这么荒诞的神话竟然在好几百年当中都没有受到怀疑。甚至包括那些最伟大的天才，伽利略、牛顿、莱布尼兹也丝毫没有怀疑这样的说教。要说明普遍信念能起到什么催眠作用，没有比这更好的例子了；它同时也清楚地说明了我们的思想局限是多么让人汗颜。

新的教条一旦在群体的思想中扎根，就会成为其制度、艺术和行为的灵感之源。它对灵魂的统治是绝对的。实干家一心想着实现它，立法者只想实行它，哲学家、艺术家和文学家也都设法以各种形式来反映它。

从基本信念中，可以产生一些短时间的、不那么重要的思想和主张，但它们总带着信念的痕迹。埃及文明、中世纪的欧洲文明、阿拉伯地区的穆斯林文明都来自一小部分宗教信仰，这些信仰影响着那些文明的各个组成部分，让人一眼就能认出来。

也多亏了这些普遍信念，每个时代的人都生活在一系列传统、观念和习俗当中，他们无法挣脱这一枷锁，而这些东西总是让他们彼此变得很像。引领群众的，主要是从这些信念中诞生出的信仰和习俗。它们调整我们生活中的任何行为，最独立的人也不会想着去反抗。它们才是最大的专制，在不知不觉地影响人们的思想，因为只有它们是不能反抗的。提比略[85]、成吉思汗、拿破仑是可怕的暴君，但摩西、佛陀、耶稣、穆罕默德、路德在他们的坟墓深处，对人们的思想进行更专制的统治。一场阴谋可以推翻一个暴君，但能消灭根深蒂固的信念吗？在针对天主教的残酷斗争中，尽管明显得到大众的支持，破坏的方式也跟宗教裁判所一样无情，战败的却是我们的大革命。人类社会中真正的暴君，永远只能是亡灵影子或是他们自己创造出来的幻想。

普遍信念在哲学上常常显得很荒谬，但这不会成为它们取得胜利的障碍。信念只有包含着某些神秘的荒谬之处似乎才能成功。所以，妨碍目前的社会主义信念赢得群众的，绝不会是它明显的缺点。与所有的宗教信仰比起来，它真正的低下之处只在于：宗教信仰所允诺的幸福理想只有在将来才能实现，所以谁也无法提出异议；而社会主义的幸福理想则应该在这个世界上实现，所以，它一尝试实践，就会显出这种允诺的自负，这个新的信念也会马上失去所有的声望。所以，在取得胜利、真正开始实现社会主义的时候，它的力量就会停止壮大。如果这一新的宗教像它之前的所有宗教一样先起破坏作用，它以后也将像它们一样，起不了创造作用。

2. 群体多变的主张

我们刚刚揭示了恒久的信念的力量，在这种信念的上面，有一些不断产生和消亡的观念、主张和思想。有的只能维持一天，最重要的也绝不会超过一个人的一辈子。我们已经指出，这些主张突然发生的变化有时更多是表面上的，而且总带着种族品质的烙印。考察我们所生活的这个国家的政治制度时，我们已分析过表面上非常对立的派别：保皇派、极端主义、帝国主义、社会主义，等等，他们都有完全相同的理想，这种理想只维系于我们这个种族的精神结构，因为，在其他种族中，有类似名称的派别，但理想完全相反。产生观点的不是名称，也不是偷梁换柱的蒙人伎俩。大革命时期的资产阶级深受拉丁文学的影响，眼睛盯着罗马共和国，采用他们的法律、束棒和托加，试图模仿他们的制度，以其为榜样，但并没有因此而成为罗马人，由于受到强大的历史暗示的影响。哲学家的作用是透过表面的变化寻找依然存在的古老信念，在不断变化的众多观点中找出由普遍信念和群体灵魂所决定的东西。

没有这种哲学标准，人们就会以为群体经常而且随意地改变政治和宗教信念。纵观整个历史，政治、宗教、艺术和文学的历史，似乎都证明了这一点。

让我们以历史上相当短的一个时期来做个例子，1790年到1820年，也就是说三十年，一代人的时间。我们看见群体先是拥护君主制，后来成了革命派，然后又变成了保皇派，最后重新成为君主制的拥护者。在宗教上，他们在这同一时期相继是天主教派、无神论派、自然神派，后来又变成了最虔诚的天主教徒。不单是群体，领导群体的人也是如此。我们惊讶地发现，那些伟大的议员们，国王不共戴天的敌人，他们不信神也不信主人,最后却成了拿破仑最谦卑的奴仆,在路易十八的麾下,举着蜡烛,虔诚地行走在祭祀的行列当中。

在随后的七十年当中,群体的主张又发生了什么变化?在拿破仑的继承人执政时,19世纪初"不可信的英国佬"成了法国的同盟;两次被我们入侵、曾为我们上次的失败热烈鼓掌的俄国,却突然被当作了朋友。

在文学、艺术和哲学上,主张的更替速度就更快了。浪漫主义、自然主义、神秘主义等相继诞生和灭亡。昨天接受欢呼的艺术家和作家,明天就受到巨大的蔑视。

但如果我们分析一下这些表面看来如此深刻的变化,我们发现了什么?所有与普遍信念和种族感情相悖的东西都不能持久,被改道的河流马上又会变直。与普遍信念和种族感情没有任何关系的主张,即不稳定的主张,都是偶然的,或者可以说,环境的一点点变化都会波及到它。它们由暗示和传染而成,永远都是暂时的、短时间的。它们的产生和消失有时跟海边被风堆起的沙丘变化得一样快。

今天,群体多变的主张,数量已大大超过以前。这有三个不同的理由:

第一,旧的信念越来越没有影响,不再像以前那样,能对暂时的主张施加影响,给它们指出某个方向。普遍信念的缺失,一大堆没有历史也没有未来的偶然性主张就冒头了。

第二,群体的力量越来越大,阻力越来越小,我们在他们身上发现的极不稳定的主张可以自由地表现出来了。

第三，报业新近的发展，不断把完全相反的主张呈现在大家面前。每种主张所给予的暗示很快就会被相反的暗示所破坏，结果每种主张都无法扩大传播的领域，只能生存很短的时间，还没在民众当中传播开来就已经消失。

这些各种不同的原因造成了世界历史上的一个全新现象，完全可以说是现在这个时代的特征，我想说的是政府在主导舆论方面的无能。

以前，在并不遥远的以前，政府的行为、某些作家和一小部分报纸控制了舆论导向。今天，作家失去了所有的影响力，报纸成了传声筒。至于政治家嘛，不但不能引导舆论，反而只能被它牵着走。他们害怕舆论，舆论有时会变得十分吓人，让他们的行动路线发生动摇。

这样一来，群众的主张似乎越来越有可能成为最高的政治主导机构。今天，它可以强迫人们组成同盟，比如我们最近看到的俄法同盟，就完全是大众运动的产物。看到我们现在的教皇、国王和皇帝屈服于新闻机构，就某个特定的问题发表自己的看法，让群众来判断，这是一种十分奇怪的现象。以前，我们可以说，执政不能感情用事。现在还能这样说吗？因为它越来越多地受到群体冲动的左右，而多变的群体不懂得理性，只受感情的支配。

至于新闻报纸，以前的舆论先锋，现在也像政府一样，不得不对群体的力量示弱。当然，它还拥有巨大的力量，但这仅仅是因为它完全反映了公众舆论以及他们不断变化的主张。成了纯粹提供信息的机构后，它便不再试图把任何主张和学说强加于人，而是公众的思想怎么变它也怎么变。竞争迫使它紧紧地跟着公众，否则就会失去读者。过去严肃而有影响的老宣传机构，如《宪法报》《论坛》《世纪报》等，老一辈人像听从圣旨一样听从它们，现在却都消失了，或成了发布信息的纸张，加上几个有趣的专栏、世俗的流言蜚语和金融广告。今天还有什么报纸富裕得能让它的编辑去编写个人的观点，那种观点对于只想寻找信息或一心找乐的读者来说又有什么意义呢？每读一篇推荐文章，他们都怕上当。评论界甚至已经没有力量捧红一本书或一台戏。它可以坏它们的事，却不能为它们服务。报纸十分清楚地意识到，评论或个人意见都没有什么用，所以逐步取消了文学评论，只登一些书名和两三行吹捧的话。二十年内，戏剧评论可能也会落到如此下场。

　　密切关注公众的看法现在成了报纸和政府的主要工作。一个事件、一个法案、一场演说会引起什么效果，这就是他们最想知道的事情。但这可不是一件容易的事，因为没有什么比群众的思想更不稳定、更多变了；我们常常看到前一天还受欢呼的东西，今天就被谴责。

　　缺乏主导性意见，普遍信念也纷纷解体，结果是任何事情都没有统一的看法，公众对与自己没有直接利益关系的东西越来越不关心。各种理论学说，比如说社会主义，它们只能在文盲阶层——比如说，矿山和工厂里的工人——找到真正信服它的捍卫者。小资产阶级以及受过一点教育的工人都成了怀疑论者，至少观点极不稳定。

二十五年来，这种变化非常惊人。在这之前的时期，而且距今也不远，人们的主张还拥有普遍的趋向，因为他们接受了某些基本信仰。只要是君主制拥护者，无论是在历史上还是在科学上，他都有些十分固定的看法；如果是共和党人，观点就完全相反了。君主制拥护者清楚地知道，人不是猴子变的；共和党人也同样清楚地知道人是从哪来的。君主制拥护者谈起革命时一定是心怀恐惧，而共和党人却满怀敬意，有些名字，比如罗伯斯庇尔和马拉[86]，说的时候应该一副忠诚的样子；而别的名字，比如说恺撒、奥古斯都和拿破仑，说的时候不能不咬牙切齿。甚至在我们的索邦大学[87]，都普遍存在着理解历史的这种幼稚态度。[88]

今天，一经讨论和分析，所有的主张都失去了声望。它们的观点很快就陈旧了，很少能唤起人们的热情。现代人已变得越来越冷漠。

不要过于哀叹主张的四分五裂，不管这是不是民族生命衰败的征兆，我们都无法阻挡。当然，目光敏锐的人、使徒和领袖人物，总之，具有坚定信念的人，他们具有动不动就否定、批评或无动于衷的人所没有的力量。但同时也别忘了，群众现在的威力太大了，一种主张如果能够获得足够的声望，让大家接受，很快就会拥有强大的专制力量，让一切都立即在它的面前低头,自由讨论的时代将长期结束。群众有时会表现得像是平心静气的主人,赫利奥加巴卢斯[89]和提比略当时就是这样的人物,但他们也会极其反复无常。文明如果落到他们手中,能否长久,那就完全听天由命了。如果某种东西能略为延缓自己灭亡的时间,那也正是由于群众的主张极其多变,他们对于普遍信念变得越来越麻木不仁。

卷三 不同群体的分类及其特点

第一章 群体的分类

群体的一般区别／它们的分类／1. 异质性群体／它们是如何区别的／种族的影响／种族的灵魂越强大，群体的灵魂就越弱／种族的灵魂意味着文明状态，群体的灵魂意味着野蛮状态／2. 同质性群体／同质性群体的区分／派别、阶层和阶级我们在本书中已经指出心理群体所共有的一般特点，现在，我们要揭示各种不同集体在一定的刺激因素的影响下变成群体之后，除了这些一般特点之外的其他特点。

我们先用几句话来介绍一些群体的划分。

我们的出发点将是简单的人群。当它由不同种族的人组成时，便会呈现出最初级的形态。除了首领多少有点受尊重的意愿之外，他们没有其他共同点。我们可以把来源很不相同的野蛮人当作这类人群的典型，他们数百年来一直在侵犯罗马帝国。

比不同种族组成的人群略高的，是受某种因素影响而获得共同特征、最后形成一个种族的人群。它有时会表现出群体的特征，但这些特征或多或少受种族特征的影响。

在本书研究过的那些因素的影响下，这两类人群可以变成有组织的人群或心理学意义上的群体。在这些有组织的群体中，我们作如下分类：

异质性群体

A. 无名称（比如街头人群）

B. 有名称（陪审团、议会等）

同质性群体

A. 派别（政治派别、宗教派别等）

B. 身份团体（军人、僧侣、工人等）

C. 阶级（资产阶级、农民阶级等）

我们用几句话来解释这些不同种类群体的不同特点。

1. 异质性群体

我们在本书中研究过这些集体的特点。它们可以由任何人组成，不管其职业或文化程度如何。

我们现在知道，有行动的群体中的成员，他们的集体心理与个人心理有着本质的区别，他们的智力也免不了受这种区别的影响。我们已经看到，在集体当中，智力起不了任何作用，只有无意识的感情在起作用。

有个重要因素，即种族，能让各种异质性群体泾渭分明。

我们已经多次谈过种族的作用，指出它是决定人类行为最重要的因素。一个由随便什么人组成的群体，他们全是英国人或全是中国人，与另一个由随便什么人组成的团体，但种族不一样，可能是俄国人、法国人，也可能是西班牙人，二者之间完全不一样。

当不同国家的人，以大致相同的比例组成，不管把他们聚集在一起的利益表面上是多么相同，心理遗传结构在人们的感觉和思考方式上所造成的巨大区别马上就会显现出来。社会主义者试图召集各国的工人代表开大会，最后往往会弄得意见纷纷，令人恼火。拉丁民族的群体，不管他们有多革命或多保守，为了满足自己的要求，总是求助于国家。他们总是喜欢集权，多少都有点独裁倾向。英国人或美国人组成的群体则恰恰相反，他们不会求助于国家，只重视个人的主观能动性。法国人组成的群体首先讲平等，英国人组成的团体讲自由。正是种族的这种区别造成了有多少国家就有多少种社会主义和多少种民主的局面。

所以说，种族灵魂完全支配着群体心理，它是稳定群体心理的有力基础。让我们把**"种族的精神越是强大，群体的次要特征越不明显"**当作是一条重要法则。群体的状况和群体的统治，就是野蛮状态或是回到野蛮状态。只有获得坚强的心理，种族才能越来越多地摆脱群体不经过思考的强大力量，走出野蛮状态。

除了种族，对于异质性群体，最重要的划分是把他们分成无名称人群（比如马路上的人群）和有名称人群（比如评议会和陪审员），后者拥有前者所没有的责任感，这就往往使他们的行为有很大的不同。

2. 同质性群体

同质性群体包括——派别、身份团体、阶级。

派别是同质性群体形成组织的初步形式。它包括教育程度、职业和领域有时都十分不一样的个人，他们之间只有信仰的联系，比如说宗教信仰、政治信仰。

身份团体是群体所能拥有的最高程度的组织。如果说派别只包含职业、教育和界别很不相同的个人，他们仅靠共同的信仰而聚合，身份团体则包括同一职业，所受教育程度和界别也差不多的个人，比如说军事团体和僧侣团体。

组成阶级的个人来历很不相同，他们不像派别中的成员是因共同的信仰走到一起的，也不像身份团体中的成员，因相同的工作而聚集成群，而是出于某种利益、某种十分相像的生活和教育习惯，比如说，资产阶级、农民阶级等。

本书只讨论异质性群体，对同质性群体（派别、身份团体和阶级）就留到下一本书再研究吧！我在这里不会强调这类群体的特征，只研究被作为典型的若干异质性群体。

第二章 所谓犯罪的群体

所谓犯罪的群体／群体的行为可能在法律上是有罪的但在心理上却是无罪的／完全无意识的群体行为／各种不同的例子／九月大屠杀制造者的心理／他们的推理、敏感、残酷和道德某种激动人心的时期过去之后，人群便陷入了受暗示影响的无意识纯自动状态，他们的那些行为似乎怎么也不能用"犯罪"来形容，我之所以保留这种错误的说法，是因为最近的一些心理学研究还这样说。群体的某些行为，如果我们就事论事，那它们无疑是有罪的。但这种行为就像老虎先让它们的幼崽去撕裂一个印度人玩玩，然后自己才去把它吃掉一样。

　　群体的罪行往往都是受强烈的暗示犯下的，参加犯罪的个人相信这样做是正确的，并且是在服从某种义务，这就完全不是普通意义上的犯罪了。

　　群体的犯罪史能说明上述观点。

　　我们可以举巴士底狱[90]的典狱长德罗内先生被杀作为典型的例子。那座监狱被攻克之后，激愤的人群围住典狱长，对他拳打脚踢。有人提议吊死他、砍下他的脑袋或是把他拴在马尾巴上拖死。挣脱过程中，他无意中踢到了一个在场者的脚。于是有人建议，让那个被踩的人来砍典狱长的头。这一暗示很快就得到了热烈响应。

"此人是个失业的厨子，算是半个流浪汉，跑到巴士底狱来看热闹的。既然是大家一致的意见，他也就觉得这是爱国行为，甚至觉得自己消灭了一个魔鬼应该获得勋章。他接过别人递过来的一把刀，砍向典狱长没有衣服遮挡的脖子。可刀太钝了，砍不动。于是他从口袋里掏出黑柄小刀（作为一个厨子，他可懂得怎么切肉），兴致勃勃地完成了任务。"

在此，我们可以清楚地看到上述机制是怎么运作的。由于是集体的暗示，所以就格外强烈，他服从这种暗示时，相信自己这样杀人是一件很光荣的事情，而同胞们的一致拥护更让他觉得这太自然不过了。把类似的行为叫做犯罪，在司法上是对的，但从心理学的角度来看却不对。

所谓犯罪的群体，其普遍特征正如我们在所有群体中发现的那样：容易受到暗示、轻信、多变、情绪好坏都很极端、表现出某种形式的道德，等等。

这些特征，我们在参加过九月大屠杀的群体——这个在我们的历史中留下最悲惨记忆的群体——中全能找到，那场屠杀和圣巴托罗缪大屠杀何其相像！让我在此转述泰纳先生所写的细节，他认真查阅过当时的史料：

没有人确切地知道是谁下命令或暗示要杀光囚犯，清空监狱。不管是丹东（这是有可能的）还是别人，这不重要，我们感兴趣的是负责杀人的群体接受了这一强大的暗示。

这个杀人集团大约有三百人，对一个异质性群体来说，没有比这更恰当了。除了很少一部分恶棍，其他大部分人都是各种各样的店员和手工业者：鞋匠、锁匠、假发工匠、泥瓦工、职员和差佬。受到暗示的影响后，他们都像上面提到的那个厨子一样，相信自己是在做一件爱国的事情。他们扮演着双重角色：法官和刽子手，丝毫不认为这是在犯罪。

意识到自己责任重大之后，他们便成立了一个临时法庭，群体头脑简单的特征马上就暴露出来了，他们的正义感也同样简单。看到被告的人数太多，他们首先决定，贵族、神甫、官员、国王的奴仆，这些在一个真正的爱国者看来，仅其职业就能证明他们有罪的人，无需审判就可以被成批杀掉。至于其他人，则根据他们的样子和名声来判决。群体退化了的意识一旦得到满足，便会认为杀人合法，放纵自己的残酷本能。我在别的地方指出过这种本能是如何产生的，群体总是能够把它发挥到极致。不过，他们同时也会表现出相反的情绪，比如说同情，这种同情往往非常极端，他们有多残酷，他们的同情心就会有多泛滥。

"他们表现出对巴黎工人的巨大同情，马上就心软了。在阿巴耶修道院[91]，一个公社社员得知囚犯们已经二十六个小时没有水喝了，很想处决那个粗心的狱卒，如果不是囚犯们求情，他真的会动手。当某个囚犯被（他们的临时法庭）宣布无罪释放时，看守或刽子手，大家都激动地拥抱他，热烈鼓掌"，然后回过头来继续成群地杀人。杀人过程一直洋溢着幸福欢乐的气氛，他们围着尸体唱歌跳舞，摆好一些长凳"让女士们"兴致勃勃地看他们屠杀贵族。他们也继续表现出某种特殊的公正。在阿巴耶，某个刽子手抱怨说，女士们坐得有点远了，看不清楚，只有几个动手的人能得到砍杀贵族的乐趣。大家都认为他说得对，于是决定让那些受害者慢慢地在排成两行的刽子手中间走过，刽子手用刀把砍杀他们，以延长他们痛苦的时间。在拉福尔克[92]，人们把受害者脱得一丝不挂，对他们"四马分尸"了半小时，等大家看够了之后，才一刀剖开他们的肚子。

而且，刽子手们显得很有操守，体现出我们指出过的群体中的道德。他们没有把受害者的金钱和珠宝占为己有，而是悉数交公。

在他们所有的行为中，我们都能发现这类低级的推理方式，这是群体的精神特征。处决了一千二百或一千五百个民族之敌后，有人指出（这种暗示马上就被接受了），在别的监狱里，还关押着老乞丐、流浪汉、年轻犯人，这是在浪费粮食，不如把他们全都干掉。况且，在他们当中，还有人民的敌人，比如，某个叫德拉吕的妇人，那是一个投毒犯的寡妇："她被关进牢房一定气坏了。如果可能，她会放火烧掉巴黎。她应该也说过这话。把她也一道清除了吧！"这种说法似乎很有道理,于是,所有的囚犯全被杀掉了,包括五十来个十二岁到十七岁的儿童,因为他们以后可能也会成为民族的敌人。杀了他们显然是有好处的。

杀了一个星期,才大功告成,杀人者可以休息了。他们心里暗暗地想,他们很对得起国家,所以向当局要求奖赏,态度最坚决的人甚至要求得到勋章。

1871年巴黎公社[93]的历史给我们提供了很多类似的例子。随着群体的影响越来越大,当局在他们面前不断退让,我们还会看到这样的事情。

第三章　重罪法庭的陪审团

重罪法庭的陪审团／陪审团的一般特征／统计数字显示他们的判决与他们的组成无关／陪审团如何受影响／推理的微弱作用／著名律师的辩护方式／让陪审团宽容或严厉的不同罪行／陪审团制度的用处和它们被法官取代将会带来的巨大危险

  我在这里无法考察所有类型的陪审团，所以只研究最重要的，也就是重罪法庭的陪审团。这些陪审团能极好地说明异质性非匿名群体的特点。我们会发现，他们很容易受暗示，无意识的感情占上风，推理水平很低，受领导人的影响，等等。在研究他们的同时，我们将有机会看到那些没有学过群体心理学的人可能会犯的一些有意思的错误。

  这些陪审团首先清楚地证明，在判决的时候，群体成员的智力水平显得很不重要。我们看到，当评审团被要求就某个非完全技术性的问题给出意见时，他们的智力根本不起作用。一个由学者或艺术家组成的陪审团，在一般问题上，跟由泥瓦工或杂货商作出的判决没有什么明显的区别。

  在以前的各个时期，尤其是1848年之前，行政机关都小心翼翼地选择组成陪审团的人员，大多在有文化的阶层招募：教授、官员、文人，等等。今天，陪审团主要在小商人、小老板和职员当中选择。然而，让专家们大吃一惊的是，无论陪审团由什么人组成，统计数据显示，他们的决定都大同小异。甚至连法官本人，尽管对陪审团制度抱有很大的敌意，也不得不承认这种说法的正确性。以下是重罪法庭的一个旧庭长贝拉·德·格拉若先生在《回忆录》中就这个问题所作的表述：

"今天，陪审团的选择，其实掌握在市议员的手中，他们根据形势的要求，出于政治和选举方面的考虑，决定选谁不选谁……大部分被选入陪审团的都是商人（以前没这么重要，所以不会选他们），还有某些行政部门的职员……一旦要行使判决的职责，他们的观点和专业影响都不见了，许多人像新手一样充满激情，最有见解的人也变得很低调很谦逊，陪审团的精神没有变：其判决仍然维持原样。"

记住我引用的这段话的结论而非解释。结论非常正确，解释却很不到位。对于这一不足，用不着感到惊讶，因为无论是律师还是法官，他们对群体的心理（当然也是陪审团的心理）似乎往往都很不了解。我在刚才引用过的那个作者所讲述的事实中找到了依据。拉肖，重罪法庭最出色的律师之一，总设法利用自己的权力不让聪明人进陪审团。然而，经验——只有经验——最后会证明，这样做毫无用处。证明是今年，公诉人和律师（至少是在巴黎）都完全不这么做了。正如戴·格拉若先生指出的那样，判决并无改变，"没有变得更好，也没有变得更糟"。

像所有的群体一样，陪审员都深受感情的影响而很少受理性的影响。一个律师写道，"看到一个喂奶的妇女，或看到一群孤儿"，他们就受不了了。德·格拉若先生说，"一个女人只要可爱点，就足以得到陪审团的仁慈"。

陪审团对可能伤害到自己的罪行毫不留情——那些罪行对社会来说无疑也是很可怕的——但对所谓的情感之罪却显得十分宽容。他们对杀婴的少女母亲往往都手下留情，对向诱奸者复仇的被弃女孩更深表同情，从内心里感到这类罪行对社会并没有什么危险[94]。在一个法律不保护被弃女孩的国家，她们用这种方式来报复，用处大于害处，可以震慑以后的诱奸者。

陪审团像所有群体一样，会被声望所迷惑，戴·格拉若庭长说得对，陪审团的构成很民主，好恶很贵族。"姓氏、出身、财富、声望、名律师出庭，所有显赫和光彩的事情都成了被告手中的有力武器之一。"

作为一个好律师，首先要做的就是影响陪审员的感情。陪审团像所有的群体一样，很少动脑筋，或想得很肤浅。英国一个在重罪法庭十分成功的著名律师清楚地表现出了自己的做法。

"他辩护时仔细地观察陪审团。这是最佳时

刻。这个律师凭着自己的敏锐和经验，从他们的表情上看出了他的每句话、每个字的效果，从中得出了结论。首先要弄清哪些陪审员已经被他说动。这个辩护者通过技巧获得他们的支持后，转向可能会反对他的人，设法猜出他们谴责被告的理由。这是最微妙的地方，因为除了正义感外，判决这个人还有其他许多理由。"

这几句话概括了辩护的奥秘，也告诉我们，事先准备好的讲稿为什么没有用，因为必须根据演讲的效果，随时修改所使用的措辞。

辩护人用不着让陪审团的所有成员都改变主张，只需针对能左右大家意见的领头者。如同在所有的群体中一样，总是有一小部分人在起带头作用。"我有过这样的经验，"我上面引用过的那位律师这样说，"判决的时候，只要有一两个强有力的人物就可以带动陪审团的其他人。"应该通过巧妙的暗示来说服这一两个人。首先，最重要的是要取悦他们。群体中已被取悦的个人，很快就可以被说服，这时，向他提出的任何证据，他都会深信不疑。我在关于拉肖先生的一个有趣的报道中发现了下述逸事：

"大家都知道，拉肖在重罪法庭的整个起诉过程中，总是看着他所知道或感觉到有影响但又比较难对付的两三个人。一般情况下，他能减弱他们的对抗情绪。但有一次在外省，尽管他滔滔不绝地讲了三刻钟，却发现有一个人不为所动：第七陪审员，坐在第二排的第一个位置。太令人沮丧了！突然，拉肖停止了激情洋溢的陈述，对重罪法庭的庭长说：'庭长先生，麻烦您把对面的窗帘拉上，第七陪审员先生被阳光晃花了眼。'第七陪审员脸红了，笑了笑，表示感谢。他被争取到辩护方这边来了。"

最近，许多作家，其中包括非常出色的作家，都猛烈地抨击陪审制度，可这一制度是防止一个不受监督的团体犯错的唯一办法。那类错误真是屡见不鲜。[95]有人希望陪审团成员只从有文化的阶层招募，但我们已经证明，就是在这个阶层中，他们的决定也与现在这些陪审员的决定没什么不同；另一些人以陪审员所犯的错误为根据，希望取消陪审团，用法官来代替。可他们怎么就忘了，往往被归罪于陪审团的错误，不是先由法官犯下的吗？因为，被告来到陪审团面前时，已经被许多法官——预审法官、共和国检察官和重罪起诉法庭——当成罪犯了。如果说被告最后是由法官而不是由陪审团判决的，难道大家就没看见，那时他已失去辩白的唯一机会。陪审团的错误总是法官先造成的。所以，看到特别严重的司法错误，我们必须指责法官。比如说，一个半傻的女孩指控L医生收了她三十法郎替她堕胎，一个很平庸的预审法官根据这一指控对他进行了判决，要把他关进苦役犯监狱，这不能不引起民愤，国家首脑不得不很快就特赦他。被告是个出名的老实人，这就让这一错误显得更加粗暴。法官们自己也承认这一点。然而，考虑到本阶层的利益，他们竭尽全力阻止特赦生效。在相似的案件中，由于有许多他们不懂的技术细节，陪审团自然会听公诉人的意见，心想：不管怎么说，案件已经由精通此道的法官们预审过。所以，谁才是这些错误真正的始作俑者？陪审员还是法官？让我们好好地保留陪审团，这也许是任何个人都无法代替的唯一群体。只有它能缓冲法律的严厉。

法律对任何人都是平等的，原则上来说应该是无情的，不允许有任何例外。法官不讲怜悯，只认法律条文，职业要求他们严厉无情，对入室偷盗的杀人犯和被诱惑者抛弃、穷得被迫杀婴的可怜女孩都判有罪。而陪审员们心里却知道得很清楚，被诱惑的女孩比诱惑者罪行要轻得多，诱惑者都逃避了法律的惩罚，她就更应该得到宽容了。

我十分了解那个阶层的心理，也了解其他类型的群体的心理，如果我被错判有罪，我愿意去找陪审团，而绝不跟法官打交道。陪审团还我清白的机会要比法官大得多。**我们害怕群体的力量，但某些身份团体的权力更可怕。前者可以被说服，后者绝对不会让步。**

第四章　选民群体

选民群体的一般特征／如何说服他们／候选人必须具备的素质／声望的必要性／为什么工人和农民很少在自己人中选择候选人／词语和套话对选民的威力／竞选演说的普遍特征／选民的意见是如何形成的／委员会的威力／它们是最可怕的专制形式／大革命时期的委员会／普选尽管在心理上没有什么价值，但无法替代／为什么即使把选举权限定在某一公民阶层，投票的结果也会是大同小异／普选在各国反映了什么选民群体，即有权选举某人在某些岗位上任职的集体，属于异质性群体，但由于他们只在一个十分明确的方面起作用——在不同的候选人当中作出选择，所以我们在他们身上只能发现前面所述的某些特征。群体时时处处都表现出来的特征是：推理能力差，缺乏批评精神，易怒，轻信，头脑简单。我们也发现他们作决定时受领袖人物的影响，前面列举过的种种因素，如断言、重复、声望和传染在起作用。

让我们来看看他们是怎么被诱惑的。使用一些有效的办法，便可清楚地归纳出他们的心理。

第一个条件是声望。个人声望只有财富才可以取代。才能甚至天才都不是成功的主要因素。

候选人必须拥有声望，也就是说，能让大家毫无异议地接受他的观点，这是最关键的一点。如果选民（其中大部分由工人和农民组成）很少会选举他们当中的人来代表他们，那是因为从他们那个阶层中出来的人对他们没有任何威望。如果他们偶然任命一两个他们的同类，往往都有其他原因，比如，为了抵制一个杰出人物，或选民们每天都要依靠的强大雇主，以便能幻想当一会儿那些强人的主人。

但光有声望并不一定就能选上。选民很在意他是否为满足自己的野心和虚荣而不惜用最肉麻的话来奉承他们，不假思索地向他们许诺最不可思议的东西。如果选民是工人，那就大骂他们的老板一番，怎么骂都不为过；对于竞争对手，那就要设法通过断言、重复和传染的办法，把他说成是天下最大的坏蛋，让大家都知道他罪恶滔天。当然，没必要去寻找什么证据。如果对方不了解群体的心理，他会设法找出证据来为自己辩护，而不是通过别的断言来回答这些断言。如果是这样，他就不会有任何胜算的可能。

候选人的书面纲领不应该太明确，否则将来有可能会被政敌拿出来做文章；而口头纲领则怎么夸大都不会过分，再宏伟的改革也可以毫不畏惧地允诺。这些夸夸其谈当时会起很大的作用，至于将来如何那就另当别论了。事实上，我们总是发现，选民们从来不关心被选出来的人在多大程度上遵守自己许下的诺言，哪怕当初选他可能就是因为这种许诺。

在这里，我们发现了我们描述过的说服众人的所有要素。接下来，在"词汇"和"套话"的运用中还会发现这一点，至于"词汇"和"套话"的巨大影响我们已经谈过。懂得这些技巧的演说家能随心所欲地左右群体，类似"肮脏的钱财""邪恶的剥削者""令人敬佩的工人""财富的社会化"这样的说法永远都会产生同样的效果，尽管已经用得有点滥了。满口新词,意思却含含糊糊,所以能满足各种渴望,这样的人一定战无不胜。1873年西班牙的血腥革命[96]就因为这样一个神奇的词语而发生,意思很含糊,每个人都可根据自己的方式来解释。当时的一位作家讲述了此事的起源,他的话值得在此引用。

"激进派已经发现,集权制的共和国就是改头换面的君主国。为了让他们高兴,议会一致通过成立联邦共和国,虽然没有一个投票者能说清楚刚刚投了什么票,但这个名称让大家都很高兴。美德与幸福降临到人间了。一个共和党人,如果政敌拒绝给予他联邦主义者头衔,他会大发雷霆,就像受到了天大的侮辱。人们来到大街上互相祝贺:'联邦共和国万岁!'然后大唱赞歌,赞扬不守纪律和自己管自己的士兵是好样的。'联邦共和国'是个什么东西?有人认为是各省解放,建立与美国相仿的制度,或者是行政分权;有人则认为这是要消灭所有的权力,进行社会大清算。巴塞罗那和安达路西亚的社会主义者宣扬公社的绝对领导,打算在西班牙建立一万个独立的自治区,只遵守自己的法律,同时取消军队和警察。很快,在南方各省,暴动在一个个城市和乡村蔓延。每个自治区一宣布独立,都首先破坏电报系统和铁路,切断与近邻和马德里的任何联系。没有哪个小镇不打算另起炉灶。联邦制已经变成了粗暴的分权制,杀人放火,到处在庆祝血流成河的屠杀。"

如果想了解理性可以对选民的思想产生什么影响,千万不要去读选民集会的报道,免得在这上面产生怀疑。人们说话绝对,互相谩骂,有时拳脚相向,从来不讲道理。如果暂时平静了一刻,也是因为现场有个坏脾气的人说,他要向候选人提个问题,找找麻烦,这类问题总会博得听众的欢心。但反对派并没有满足多久,因为这个人的声音很快就被对手的吼叫声所淹没。我们可以把下面的报道作为这类公共集会的典型。这是我从报纸上数百个类似的例子中选出来的:

"大会的一个组织者请与会者任命一名主席,立即引起了骚乱。无政府主义者跳上主席台,想强行占领会议桌;社会主义者奋力保护。双方扭成一团,互相对骂,什么'告密者''卖国贼'都骂出来了,一个公民捂着被打肿的眼睛退出会场。

"终于,喧闹当中,桌子好歹摆好,话语权转到了X同志手中。

"演讲者猛烈攻击社会主义者,后者大喊'流氓!强盗!混账!'打断了他的话。X同志搬出一套大道理,回敬他们的大骂。根据他的理论,社会主义者不是'笨蛋'就是'爱吹牛的人'。

"……昨天晚上，阿勒曼党人[97]在神庙镇小街的商会大厅组织了一场大型预演，准备庆祝五一劳动节，口号是：'冷静与平静'。

"G同志骂社会主义者是'流氓'和'骗子'。

"一听这话，演说者和听众就互相对骂起来，最后动了手。椅子、长凳和桌子都派上了用场，等等。"

千万别以为这类争吵是选民这一特定群体所特有，取决于他们的社会地位。在所有的匿名代表大会上，不管是什么大会，不管代表们是不是全由有文化的人组成，争吵的形式往往都大同小异。我说过，人一结群，思想就会有同化倾向，我们随时都能找到证明。以下节选的报道就是一个例子，是我从1895年2月13日的《时报》上抄下来的，参加会议的是清一色的大学生：

"夜越来越深，争吵却越来越激烈。我不相信哪个演说者能说上两句话而不被打断。每时每刻都有叫喊声从这个或那个角落发出来，或者同时从每个角落里发出来。有人鼓掌欢呼，有人吹口哨。听众中爆发出激烈的争吵，有人挥舞棍棒进行威胁，有人不断跺地板，打断别人说话的人引来一片鼓

噪：'滚出门去！让他说！'

"C先生破口大骂，满嘴都是'可恶''懦夫''魔鬼''卑鄙''贪得无厌''打击报复'等，扬言要消灭它……"

人们可能会问，在这样的情况下，选民怎么能形成意见？然而，提出这样的问题，本身就是对集体所能享有的自由程度抱有奇特的幻想。群体的主张都是别人强加给他们的，他们从来不会自己思考。在我们所说的这种情况中，选民的主张和选票掌握在选举委员会的手中，而领导着委员会的往往是几个酒贩，他们给工人赊账，所以影响很大。"你知道选举委员会是什么东西吗？"当今最勇敢的民主捍卫者谢雷先生写道，"简单地说，就是我们各项制度的钥匙，政治机器最重要的部件。今天的法国就是由委员会来统治的。"[98]

所以，要影响他们并不难，只要候选人还过得去，拥有足够的财源。据捐选者承认，要让布朗热将军重新当选，三百万就够了。

这就是选民群体的心理，它与其他群体的心理是一样的，不比他们更好，也不比他们更糟。

我从上面的分析中绝对不会得出反对普选的结论。如果要让我决定它的命运，我会让它保持现状，其理由正是来自对群体心理的分析。出于这一原因，我接下去还会作出阐述。

也许，普选的缺点太明显了，人们不可能看不到。谁也不能否认，文明是少数精英的作品，他们组成了金字塔的顶部，下面的几层，思想价值越低便越宽，组成了一个民族的深厚底层。伟大的文明并不一定要依赖底层民众的选举，他们仅仅是人数多罢了。而且，民众的选举经常是危险的，他们已经让我们遭受了多次入侵。随着社会主义的胜利，大众统治这一不切实际的幻想肯定会让我们付出更大的代价。

这种理论上绝对正确的不同主张在实践中没有任何作用，要明白这一点，只需记得思想成了信条，便会具有不可战胜的力量。从哲学的观点来看，大众统治这一信条就像中世纪的宗教信条那样不堪一击，但如今却拥有强大的力量，所以也像我们的宗教思想在过去那样是无可指责的。就当是一个思想自由的现代人，被中世纪时期的神奇本领迷惑了。当他发现当时占统治地位的宗教思想拥有至高权力之后，人们还会与之斗争吗？落在一个指责他与魔鬼缔约或赴过巫魔夜会而想烧死他的法官手里，他会否认魔鬼或夜会的存在吗？人们也不会费口舌去谈论群体的信念，就像不会对着风啰唆一样。今天的普选拥有过去的基督教信条那样的力量，一谈起它，演说家和作家就会顿生敬意，满口奉承，这是连路易十四[99]都享受不到的待遇。所以，应该像对待所有的宗教信条一样对待它。只有时间能影响它们。

再说，这种教条本身显然也有一些道理，所以想动摇它更是白费力气。托克维尔[100]说得好："在人人平等的时期，人与人之间没有任何崇拜，因为彼此都一样；但这种相似性也让他们盲目地信任公众的判断力；因为他们觉得，既然大家都同样开明，真理一定掌握在大多数人手里。"

现在是否可以说，如果选举有所限制——比如说，局限于能人之间——群体投票的结果会不会有所改善？我绝不这样认为。理由我已经在谈到群体心理时说过，所有的群体，不管由什么人组成，心智都非常低下。在群体中，人永远是平等的。在一般的问题上，四十个法兰西学院院士所投的票不会比四十个挑水人投的票质量更高。我根本不相信普选中如此受质疑的投票，比如说投票恢复帝国，如果只在学者和受过教育的人当中选择投票人，结果会有不同。这是因为，并非懂希腊语或数学，是建筑师、兽医、医生或律师，在社会问题上就一定看得比别人清楚。我们的经济学家全都是饱学之士，是教授，大部分还是院士。他们能在哪怕一般问题上，比如贸易保护主义、复本位货币制等问题上达成一致吗？因为他们的学问不过是普遍无知的一种很隐秘的方式，面对未知因素众多的社会问题，所有的无知都是相同的。

所以，只由浑身本领的人组成选举团，他们投票的结果不会比我们今天投票的结果更好。他们会更多地受自己的感情和党派精神所驱使。结果是，我们现在的困难一个都没有减少，而身份团体的强大专制则会变本加厉。

群体的选举，无论有没有限制，无论是在共和国还是在君主国，无论是在法国、比利时、希腊、葡萄牙还是西班牙，到处都一样。它往往反映出种族无意识的需求和渴望。当选者的中间值就是种族心理的普遍水平，每个国家都如此，世世代代都差不多。

这里，我们再次触及了我们已碰到多次的种族这个基本概念以及由此生发出来的另一个概念：制度和政府在民族的生活中所起的作用相当小。民族主要受种族灵魂，即祖先遗传所驱使，而种族灵魂正是那些遗传的总和。种族和日常生活中必须遵守的条条框框，就是影响我们命运的神秘主宰。

第五章　议会群体

议会群体与非匿名的异质性群体有着很多相似的特征／主张的简单化／暗示和这种暗示的限制／不可改变的牢固主张和变幻不定的主张／为什么往往悬而未决／领袖人物的作用／他们获得声望的理由／他们是议会的真正主宰，投票代表着少数人的旨意／他们有着强大的力量／演讲艺术的要素／词汇与形象／领袖人物在心理上必须被说服和限制／没有声望的演说者不可能让人接受他的观点／议会中感情的夸张，不管是良好的还是不好的感情／某些时刻他们是无意识的／国民公会会议／议会失去群体特征的情况／专家在技术性问题上的影响／议会制度在各国的好处和危险之处／它适应现代需求，但会带来经济上的浪费并逐渐限制所有的自由／本书的结语议会群体是非匿名的异质性群体，尽管选举议员的方式根据时代和民族的不同而不同，但他们的特征十分相似。种族在其中起着或大或小的影响，但这并不妨碍他们表现出那些特征。各个不同地方的议会，不管是希腊、意大利、葡萄牙、西班牙、法国的议会还是美国的议会，在辩论和投票中都非常相似，所以政府面临的困难也差不多。

议会制是现在所有文明民族的理想。它反映了一种心理上错误但被普遍认同的观点，即对某个问题，许多人聚在一起比一小部分人更能做出明智而独立的决定。

我们在议会中又发现了群体的一般特征：思想简单化、易怒、容易被暗示、感情夸张、受领袖人物的影响大。不过，由于他们特别的组织形式，议会群体也有一些不同的特点。我们现在就来一一分析。

简单化是他们最显著的特点之一，这在所有的派别，尤其是在拉丁民族中都能见到。他们具有一种不变的倾向，再怎么复杂的社会问题也通过最简单的抽象原则，通过适用任何情况的普遍规律来解决。这些原则当然会根据派别的不同而有变化，但只要个体聚集成群，他们就总是夸大这些原则的价值，穷尽其结果。所以，议会提出的大多都是极端的主张。

议会简单化最突出的典型是法国大革命时期的雅各宾派，他们既懂教条又讲逻辑，满脑子都是空洞的普遍原则，只知道死守原则而不顾实情。可以说，他们经历了大革命，却没有看到大革命。他们以十分简单的信条为指导，想重新创造一个新社会，结果把一种伟大的文明倒退到社会变革之前很久很久。他们用来实现梦想的办法也具有极为简单化的色彩。事实上，他们只知道无情破坏妨碍他们的东西。而且，所有的人，包括吉伦特[101]分子、山岳派[102]成员和热月党[103]人等等，都受同样的精神所激励。

议会中的群体非常容易受到暗示。所有的群体都一样，暗示来自拥有威望的领导人。但在议会群体中，这种暗示有明显的限制，指出这一点十分重要。

事关地方和地区利益的所有问题，议会中的每个成员都有固定的、不可改变的想法，无论怎么说服都不能使之动摇。即使有狄摩西尼[104]那样的才能，也不能让一个议员在投票时就贸易保护或自酿自给烧酒者的特权这样的问题改变决定，因为这些问题代表了有势力的选民的诉求。这些选民之前的暗示重要得足以让人不去考虑别的建议，保持意见的绝对稳定。[105]

面对一般性的问题，如推翻内阁、设立税种等等，就没有固定的意见了，领袖人物的意见可以起作用，但不完全像在普通群体中那样。每个派别都有自己的领导人，他们的影响有时旗鼓相当。议会夹在对立的意见当中，肯定会犹豫不决。所以，我们会看见他们往往在一刻钟内投相反的票，给某项法规加上一条可以葬送它的条文：比如，先是剥夺了工业主选择和辞退工人的权利，然后又采取某种罚款，可以说取消了这种措施。

因此，在每次立法会议上，议会的有些主张是十分明确的，而有些意见却迟疑不决。实际上，居多的还是一般性问题，所以大多都没有结果，因为总是担心选民的反应，结果许多问题都悬而未决。选民潜在的暗示总是会抵消领导人的影响。

然而，在众多的讨论中，议员们事先并没有很坚决的主张，真正的主宰还是那些领袖人物。

领袖人物显然是必不可少的，因为在每个国家的议会中，我们都看到他们以团体首领的名义出现。他们是议会的真正统治者。群体中的人不能没有领导者。所以，议会的投票往往只体现一小部分人的观点。

领袖的影响力量很少来自理性，而往往都来自声望。最好的证明是，如果出现某种情况，让这些领袖失去声望，他们立即就失去了影响。

领袖的这种声望属于个人，跟头衔和地位没有关系。朱尔·西蒙先生提到1848年的那个议会（他为其中的议员）的一些大人物时，给了我们一些很有意思的例子。

"路易-拿破仑大权在握之前的两个月，仍默默无闻。

"维克多·雨果[106]登上了讲台。讲演没有成功。人们听他讲话就像听费里克斯·比亚[107]讲话一样，掌声不是太多。'我不喜欢他的想法，'沃拉贝尔在提到费里克斯·比亚时对我说，'不过，他是最著名的作家之一，是法国最出名的演说家。'埃德加·基内[108]知识渊博，是个罕见之人，但不被看重。他在议会开会之前就出名了，但在议会里，他什么都不是。

"政治集会是世界上最不能显露才能的地方。那里只看中时间地点适合的口才，不是为祖国效劳，而是为党派服务。要让人们在1848年对拉马丁[109]或1871年对梯也尔[110]表示敬意，必须用眼前的、明确的利益刺激他们。危险过去之后，他们就既不会感激也不会害怕了。"

我引用上述段落是基于它所说的事实，而不是因为它的解释，那些解释缺乏心理学方面的知识。一个群体，如果要效忠领导，不管是祖国的领导还是党派的领导，马上就会失去自己的特性。群体服从领导是受其权威的影响，而不是出于任何利益或感激之情。

所以，拥有足够声望的领导人几乎拥有绝对的权力。大家都知道有个著名议员，在多年的时间里起着重要影响，在最近的选举中由于某些金融事件落选了。以前，只要他使个眼色，内阁就会倒台。有个作家在下列几行文字中清楚地指出他的影响有多大：

> "我们不得不多花三倍的价钱购买东京，在马达加斯加也没站稳脚跟，在尼日尔南部放弃了整个王国，还失去了在埃及的优势，这些，原则上都应该归功于X先生。X先生的理论让我们失去的领土比拿破仑一世带来的灾难有过之而无不及。"

不该过于痛恨这些领袖。当然，他们让我们付出了沉重的代价，但他之所以有影响，很大原因是他能听从公众的意见。在殖民地这事上面，当时的情况完全与现在不同。领导者很少能领先公众的意见，几乎总一味顺从他们，甚至连错误都照单全收。

领袖说服群众的办法，除了声望，就是我们已经列举过多次的那些因素。为了能自如地指挥他们，他必须熟知群体的心理，哪怕是无意识的，必须懂得如何跟他们说话，尤其要懂得词汇、句子和形象的奇特影响。他必须拥有特别的、具有综合素质的口才：有力的断言——不要提供证明，让人印象深刻的形象，加上泛泛而谈的大道理。所有的议会中都能见到这类雄辩高手，包括英国议会，那可是世界上最审慎的议会。

"我们经常可以在报纸上读到，"英国哲学家梅因[111]说，"下议院发生了争吵。所有的讨论普遍性都很弱，而个性很强。在关于纯民主的想象方面，这类泛泛而谈的话产生了神奇的效果。用惊人的语言让群体接受普遍的论断总是很容易，不管那些论断有没有得到过证明，也许根本就经不起证明。"

上面引文提到的"惊人的语言"，再怎么过分也没关系。我们已多次强调词汇和套话的特殊力量。必须好好选词遣句，生灵活现地展示形象。下列句子是从我们的一位议会领袖的讲演中选取的，不失为一个很好的例子：

"当同一艘船把缺德的政客和无政府主义凶手送往热带病流行的流放地，他们会交谈，好像是同一社会秩序互补的两面。"

用这种办法展现出来的形象十分鲜明，演说者的所有对手都会因此而感到威胁。他们同时看到了热病施虐的国家和载着他们的大船，难道他们不会成为那些界限模糊、受到威胁的政客吗？他们感到了议员们当年可能感觉到的巨大恐惧，罗伯斯庇尔模糊的演讲往往都以上断头台来威胁他们。在这种恐吓下，他们总是会作出让步。

进行不着边际的夸大，对领袖总是有好处。我刚才引用过他的一个句子的那个演说家，他也完全可以断言——银行家和神甫在雇佣别人扔炸弹，所以大金融公司的高管都应该遭受无政府主义者受到的那种惩罚。这样的断言永远能对人群产生影响。断言从来就不怕过火，吹牛越吓人越好。没有什么比这种雄辩的口才更能吓唬听众，他们生怕自己如果抗议会被当作是叛徒或同谋。

这种特殊的辩术，正如我刚才所说的那样，在所有的议会里都很流行。在危难时期，它只会更加有用。从这个角度来说，读一读法国大革命时期议会成员中的大演说家的演讲会很有意思。他们随时都觉得有必要停下来谴责罪恶，赞扬道德，猛烈抨击暴君，发誓无自由毋宁死。听众们都站了起来，报以热烈的鼓掌，久久才恢复平静，重新坐下。

可能也有的领袖才智出众，受过良好的教育，但这往往有害而无益。在揭示事情的复杂性，进行解释和说明的时候，智力常常会让人显得太过宽容，从而大大削弱使徒所需的强烈而粗暴的信念。每个时代，尤其是法国大革命时期的大演说家，思想都非常狭隘，而让他影响巨大的，正是这种狭隘。

他们当中最著名的演说，包括罗伯斯庇尔的演说，常常因逻辑混乱让人大跌眼镜。如果仅读他的演讲词，我们怎么也不会明白，这个大独裁者怎么会有那么大的影响？

> "陈词滥调，重复啰唆，学校里的腔调，拉丁文化的味道，用来糊弄思想幼稚、思想贫乏的人。无论是抨击还是辩护，似乎都只会说一句'那就来吧！'就像个小学生，没有观点，缺乏技巧，不懂讽刺幽默，让人不胜其烦。读完这沉闷的东西，人们都忍不住想像可爱的卡米尔·德穆兰[112]那样长叹一声。"

深信不疑加上思想极其狭隘，会赋予某个拥有声望的人以强大的力量，有时光想到这点就会让人胆战心惊。不过，只有满足这些条件，才能无视障碍、表现出坚强的意志。群众本能地从这些精力充沛、意志坚定的人当中找到他们都永远需要的主宰。

在议会中，演讲的成功几乎只取决于演讲者所拥有的声望，而不是他所讲的道理。最好的例子莫过于当某种原因让一个演说者失去了声望，他同时就失去了所有的影响，也就是说，失去了随心所欲地左右投票的权力。

至于一个无名的演说者，如果他的演讲道理充分，但除了道理没有其他，别人最多也就听听而已。一个老议员，同时也是头脑机敏的心理学家德屈布先生，是这样描述一个没

有声望的议员的:

"他在主席台上就座后,从公文包里掏出讲稿,整整齐齐地放在眼前,不慌不忙地开始演讲。他自以为能让听众相信那些使他自己激动的事情,对论证掂量了又掂量,准备了许多数字和证据,肯定自己是有道理的。面对他所陈述的明显事实,任何反对都将白费力气。他开始演讲了,相信自己讲得没错,也相信同事们会认真听他讲。面对事实,他们肯定会被说服。

"但刚讲几句,会场上就出现了骚动,他感到很不可思议。台下一片嗡嗡声,这让他有点生气。为什么大家不安静下来?为什么大家都这么不专心?那些交头接耳的人在想什么?什么紧急的事情让那个人离开了座位?

"他的脸上出现了一丝不安。他皱起眉头,停了下来。在议长的鼓励下,他提高声音,继续往下讲。听他说的人越来越少。他加强了语气,动作也多起来。周围出现了可怕的噪音,他都听不到自己说话的声音了,于是再次停下来。由于担心这种沉默会引起愤怒的叫喊——'休会!',他便提高声音说下去。嘈杂声让人越来越无法忍受。"

当议会激动到一定的程度，它就变得跟一般的异质性群体没有什么区别了，他们的感情会因此而表现出凡事总爱走极端的特点。人们将看到他们不是做出最勇敢的行为，就是做出最坏的事情。个人不再是他本来的样子，而是完全失去了自我，所以会投票支持与自己的个人利益完全相反的事情。

法国大革命的历史表明了议会可以无意识到什么程度，又会如何服从与自己的利益截然相反的暗示。对贵族来说，放弃自己的特权是一种巨大的损失，然而，在举行"制宪会议"的那个著名夜晚，他们毫不犹豫地这样做了。对于议员们而言，放弃自己的豁免权，意味着时刻都会受到死亡的威胁，但他们也这样做了，冒着互相残杀的危险，尽管心里知道今天送同伴上断头台，明天可能就轮到自己。但他们已经到了我所描述的完全麻木的地步，没有任何东西能阻止他们走向麻痹。他们当中的一个人，比罗-瓦雷内的回忆，极典型地反映了这一点："我们作出的这一深受指责的决定，"他说，"两天前不会做出，一天前也不会做出：因为发生了危机，我们才这样做了。"没有比这讲得更对了。

同样的无意识现象也出现在国民公会所有慷慨激昂的会议上。

"他们同意并决定做那些他们不愿意做的事情，"泰纳说，"不但要做那些蠢事和丧心病狂的事，还要制造罪行，屠杀无辜，屠杀自己的朋友。大家一致同意并报以热烈的掌声，左派在右派的支持下，把自己原先的首领——大革命伟大的倡导者和领导者丹东送上了断头台；大家一致同意并报以热烈的掌声，右派在左派的支持下，投票通过了革命政府最糟糕的法令。大家一致同意，并热烈地大声赞扬，热烈拥护科罗·德布瓦、库东和罗伯斯庇尔，议会自发地多次重选，维持杀人政府不变，平原派恨它，是因为它杀人；山岳派恨它，是因为它要杀他们。无论是平原派还是山岳派，无论是多数派还是少数派，最后都同意帮助他们自杀。牧月22日，议会全体引颈受戮；热月8日，罗伯斯庇尔才演讲了一刻钟，同样的事情又重复了一遍。"

这一景象显得有些阴森，然而却真真切切。议会被激动和催眠到一定程度，会表现出同样的特征，成为一群不断走动的羊群，完全听凭感情的冲动。下面这段对1848年议会的描写非常典型，它出自一个我们不能怀疑其民主信念的议员斯普莱先生之手，摘自《文学杂志》。从中可以看到我描述过的群体所有夸大的感情，看到他们极其多变的特性，它可以一时东，一时西，从感情的一端跳到感情的另一端。

"分裂、妒忌、猜疑，一下子盲目信任，一下子又抱着无限的希望，凡此种种，导致了共和党走向灭亡。其天真和幼稚与它普遍的怀疑不分高下。

没有什么平等意识，不懂得什么纪律，只有无限的恐惧和幻想：农民和儿童的特点集中体现在他们身上。他们的冷静可与他们的焦虑匹敌，他们有多野蛮也就有多温顺。这是一种原生态的性格，从未经过打磨，缺乏教养。没有任何东西能让他们惊奇，但所有的事情都让他们手足无措。他们或是颤抖，或是害怕，或大胆，或英勇，或扑向战火，或在黑暗前退却。

"他们丝毫不知道事情会带来什么结果，也不明白事情之间的关系。失望来得跟激动一样迅速，对什么都感到恐慌，做什么事都这样，不是太左，就是太右，从来不会恰到好处、恰如其分。他们可以是任何颜色，也可以是任何形状，在这一点上，流水也自愧不如。人们怎敢奢望把政府的基础建立在他们身上呢？"

幸亏，我们刚刚描述的这些特征，它们不会总是表现出来。远远不会。议会只是在某些时刻才是一个群体。在大多数情况下，组成这个群体的个人都能保持自己的个性。正因为如此，议会才能推出一些在技术层面上来看相当出色的法律。其实，这些法律的作者都是专家，是他们在安静的办公室里拟写出来的。投票通过的法律其实是个人的作品，而不是议会的产物。这些法律当然是最好的，除非经过一系列修改，不幸地把它变成集体的东西，那时这些法律就成为祸害了。群体的作品永远都比个人的作品低劣，到处如此。把议会从极其混乱和毫不专业的措施中拯救出来的是那些专家。所以说，专家是一时的领袖，议会影响不了他，只有他能影响议会。

尽管运作起来有不少困难，人们还是觉得由议会来统治最好，尤其是它可以尽最大可能地摆脱个人专制的枷锁。它当然是最理想的统治方式，至少对哲学家、思想家、作家、艺术家和学者来说是这样，一句话，对组成文明顶峰的人来说是这样。

事实上，它只有两个重大危险，一是肯定会浪费钱财，二是会逐渐限制个人的自由。

第一个危险是当选群体的苛求和短见的必然结果。某议员提出一个议案，好像符合民主主张，比如，让所有的工人都有退休金，提高养路工和小学教师的待遇，等等。其他议员怕惹选民不高兴，不敢表现出蔑视他们利益的样子，更不敢反对提案，尽管这一提案会大大地增加预算，需要设立新的税种。投票不容犹豫，而增加开支的结果要很久以后才看得见，现在对他们不会有太大的影响，而如果投反对票，第二天面对选民的时候就有得瞧了。

这是增加开支的第一个原因，还有第二个原因：不得不赞成所有的地方性开支。议员可不能反对，因为这仍是选民的要求，议员只有接受同行的类似要求，才能满足自己的选民的要求。[113]

上面提到的第二种危险,即自由必然受到议会的限制,表面上看来并不明显,其实一点不假。这是法律众多造成的结果,法律总是限制性的,而思维简单的议会看不清其结果,觉得不得不投票赞成。

这种危险当然不可避免,英国也未能幸免,虽然那里的议会制度是世界上最完善的,议员独立于选民。赫伯特·斯宾塞在一本已经出版了不少年头的书中指出,表面自由的增加必然会伴随着实际自由的减少。他在近著《人与国家》中又对同一个问题进行了探讨。关于英国议会,他是这么说的:

"从那个时代起,立法机构就沿着我说过的方向前进了。独裁措施迅速增加,越来越倾向于继续限制个人自由,表现在两个方面:建立规章制度,每年的数量都在大量增加,对以前行动完全自由的公民进行限制,迫使他们完成他们以前可做可不做的事情。同时,公共负担也越来越重,尤其是地方负担,于是便减少个人可支配的收入比例,增加了纳税额,而公务人员却可以随意使用这些税款,这就进一步限制了个人的自由。"

对自由的限制逐渐增加,这种限制在每个国家都呈现出特别的方式，斯宾塞没有指出来的这种限制是这样的：创造众多系列的法律措施，通常都是有限制性的，这势必增加负责实施这类措施的官员的数量、权力和影响。这样，他们就有可能逐渐成为文明国家的真正主人。政权不断更迭，行政阶层却长期不变，而且只有他们可以不负责、永久存在，并总是以公家的面貌出现，这就让他们的权力更大。在所有的专制中，没有比这种以三重形式出现的专制更强大了。

不断地制定限制性的法律和规章，把生活中的任何行为都用这种过于严格的条条框框约束起来，这必然越来越多地限制公民所能自由活动的范围。他们认为，增加了法律，平等与自由便能得到更好的保护。这种不切实际的想法让人民成了牺牲品，他们每天都要接受更加沉重的枷锁。

他们接受了这些枷锁并不意味着已经是全部的代价。习惯了忍受这种枷锁之后，他们很快就会主动去寻找它，最后失去所有的主观能动性和生命活力，成了虚无的影子、没有活力的木头人，没有意愿，不会抵抗，缺乏力量。

人如果自身缺乏活力，他必然会到别人身上去找。随着公民越来越麻木，越来越无能，政府的作用将被迫继续强化，它必须拥有个人已经失去的主动性、积极性和行动意识。它什么都得做，要领导一切，保护一切。国家成了一个无所不能的神。经验告诉我们，这样的神，他们的权力从来不能持久，也不会强大。

在某些民族中，所有的自由都被逐渐限制，尽管表面上的许可会让大家产生幻觉，觉得自己还有自由。这种限制似乎是民族衰老的结果之一，任何制度衰老了都会如此。这是衰亡阶段到来的前兆之一。至今为止，任何文明都无法逃避这种衰亡。

如果我们根据历史的经验和处处都表现出来的迹象来判断，我们的许多现代文明都已到了灭亡之前极其衰老的阶段。某些相同的阶段似乎所有的民族都不能幸免，因为我们看到历史往往在重复自己的进程。

简要地谈一谈文明演变中的这些共同阶段并不是什么难事。让我们作一概述来结束本书，这匆匆的几笔也许能略为说明群体在现阶段掌权的原因。

如果沿着主线考察一下我们之前的文明辉煌与衰亡的原因，我们会发现什么？

在这些文明起源之时，一小部分来自各方的人通过迁徙、侵略和征服聚集在一起。他们血缘不同，语言不同，信仰也不同，唯一相同的是某个首领勉强承认的法律。在这些鱼龙混杂的人群中，群体的心理特征表现得最为明显。英雄主义、缺点、冲动、暴力等，暂时都得到和平共处，没有任何东西是稳定的。这就是野蛮人。

接着，任务就交给时间了。相同的环境、不断通婚、对共同生活的需求慢慢地开始起作用。不同的小团体聚集之后慢慢地开始融合，产生一个新的种族，即拥有共同特征和感情的群体，遗传因素将把它固定得越来越牢。群体成了一个民族，这个民族将来会摆脱野蛮状态。

只有经过漫长的努力、不断重复的斗争和无数次从头开始，它才能获得一种理想，完全走出这种野蛮状态。这种理想是什么性质，这并不重要，不管是崇拜罗马、雅典的强大还是真主的胜利，它都足以使正在形成的种族中的每个人在感情和思想上达到完全的统一。

这时才有可能出现一种新的文明及其制度、信仰和艺术。在追求梦想的过程中，这个种族将渐渐创造辉煌、日益强大、建功立业。也许在某些时刻，它仍属于乌合之众，不过，那个时候，在群体变幻不定的特征后面，一些稳固的东西，即种族禀性，将沉淀下来，严格限制着民族的动摇范围，支配着种种偶然因素。

不过，创作完成之后，时间便要进行破坏了，无论是神还是人都无法幸免。文明强大和复杂到某种程度之后，便会停止不前，而一旦不再发展，它就必然会很快走向衰落。对它来说，衰老的时候就要到了。

这一不可避免的时刻总是以理想的衰亡为标志，而理想是种族精神的支柱。理想日益苍白，在它的光芒照耀下建立起来的宗教、政治和社会大厦都将开始动摇。

随着理想的逐渐消失，种族也将失去使其融洽、团结和强大的东西。个人的个性和智力可能增长了，但与此同时，种族的集体自我意识也将被极其强烈的个人自我意识所代替，并伴随着种族特征的衰退和行动能力的减弱。原先是一个民族、一个联合体和一个整体，最后成了一群没有任何共同语言的人，由于传统和制度的作用才勉强聚集在一起。他们被个人的利益和希望弄得四分五裂，不知道如何是好，什么事情都需要领导，这时，国家就产生了巨大的影响。

随着古老理想的彻底丧失，种族将最终完全失去自己的灵魂，成了一群独处的个人，回到了起点：群体，表现出一切短时间的特征，步调不一，没有前途。文明失去了稳定性，只能随风飘散。民众掌握了至高无上的大权，社会变得越来越野蛮。文明似乎还能辉煌一段时间，因为它仍拥有漫长历史所建的外墙，但那其实是一座已被虫蛀空的大厦，支撑不了多久，暴风雨一来就会倒塌。

从野蛮到文明，一路追逐着梦想，而当这种梦想失去了力量，便开始衰落，走向死亡。这就是一个民族的生命周期。

［全书完］

注 解

1.戈布莱·达尔维拉（Goblet d'Alviella，1846—1925），比利时政治家，布鲁塞尔自由大学宗教史教授，自由党人。——译注

2.拿破仑·波拿巴（Napoléon Bonaparte，1769—1821），即拿破仑一世，法国著名军事家、政治家、法兰西第一共和国执政官，1804年11月6日加冕称帝，改共和国为帝国，成为法兰西第一帝国皇帝。——译注

3.而且，他最高明的顾问们也并不比他更了解群体。塔列朗（Tallyrand，1754—1838，法国著名政治家和外交家，拿破仑时期曾任宫廷侍卫长和外交大臣等职。——译注）写信给他说，西班牙将像欢迎解放者一样欢迎他的士兵。然而，群体却像对待猛兽一样对待他们。一个熟悉该种族遗传本能的心理学家，应该很容易就预见到这种结局。——原注

4.1807年末，西班牙爆发内战，拿破仑乘机出兵侵入，并指定他的长兄为西班牙国王。这一举动引起了西班牙人的强烈反对，各地暴乱不断。后来，英国介入西班牙争端，在占领了葡萄牙之后，又把法军赶出了西班牙。1809年5月，拿破仑率法军在东线作战，法军大败。这是拿破仑亲自统兵打仗以来打的第一场败仗。尽管在西班牙战败，称帝后的拿破仑一心想在欧洲称雄，此时的俄国成了他的心头大患，因为只有打败俄国，才能迫使英国臣服。但对于攻打俄国的后果，拿破仑显然缺乏周密的考虑。1812年他率60万大军远征俄国，却惨遭失败。——译注

5.泰纳(Hippolyte Taine,1828—1893),又译丹纳,法国哲学家、史学家、文学评论家。最初专攻哲学,后改为研究文学,巴黎高等师范学校毕业后,应邀担任巴黎美术学校美术史和美学教授,后当选为法兰西学院院士。主要作品有《十九世纪法国哲学家研究》《论智力》《现代法兰西渊源》《巴尔扎克论》《英国文学史引言》和《艺术哲学》等。——译注

6.国民公会是法国大革命时期的最高立法机构,在法兰西第一共和国的初期拥有行政权和立法权。1792年8月10日,巴黎起义军占领杜伊勒里宫,立法议会宣布废黜法国国王路易十六,在普选基础上成立国民公会。1792年9月20日,国民公会开幕,当选议员749名。其中吉伦特派为右翼,约160人,山岳派(因议员坐在议会厅较高位置而得名)为左翼,约140人,而人数最多的为中间派,也称平原派或沼泽派(因议员坐在议会厅较低位置而得名)。国民议会初期的代表人物有让-保尔·马拉、乔治·雅克·丹东和雅各宾俱乐部的马克西米连·罗伯斯庇尔。——译注

7.赫伯特·斯宾塞(Herbert Spencer,1820—1903),英国社会学家、心理学家和哲学家,被认为是"社会达尔文主义之父"。他把适者生存这一进化论应用在社会学,尤其是教育及阶级斗争领域。他在多个学科都有相当高的造诣和贡献,有"维多利亚时期的亚里士多德"之称。主要著作有《心理学原理》《第一原理》《生物学原理》《社会学研究》《社会学原理》等。——译注

8.伏尔泰(Voltaire,1694—1778),本名弗朗索瓦—马利·阿鲁埃(François-Marie Arouet),伏尔泰是他的笔名。法国启蒙思想家、文学家、哲学家、史学家,18世纪法国资产阶级启蒙运动的旗手,被誉为"法兰西思想之王""法兰西最优秀的诗人""欧洲的良心"。——译注

9.1789年8月4日晚,国民议会中的贵族议员诺亚伊子爵提出无偿

废除封建力役、农奴制及其他人身劳役，一切封建权利可由公共团体赎买或付现金，或依据公平估价交换，全国都应按每人收入比例交税——即取消免税权。这一天意味着法国废除了封建制。根据8月4日晚提出的各项建议，制宪会议陆续通过了一系列废除封建特权的法令，总称"八月法令"，8月5日作为国民公会法颁布，制宪会议颁布了"废除封建制的法令"，废除了一切封建特权。——译注

10.1096年到1291年，在罗马教皇的准许下，欧洲的天主教国家在长达200年的时间里，对地中海沿岸国家发动了9次宗教战争，史称"十字军东征"。东征主要针对伊斯兰国家，目的是从它们手中夺回圣城耶路撒冷。东征期间，教会授予每个战士一个十字架，组成的军队成为十字军。——译注

11.1793年1月，路易十六被处决，欧洲各国君主惊恐万分，组成反法联盟。法国国内的保皇派也发起大规模叛乱。在反法联盟的进攻下，法军节节败退。6月2日，雅各宾派发动政变上台，采取全民皆兵的激进措施，迅速组织起庞大的军队，对内镇压叛军，对外接连击败了英国、奥地利和荷兰军队。——译注

12.这里的将军指布朗热（Boulanger，1837—1891），法国军事和政治领袖，1886-1887年间出任陆军部长，曾参加过普法战争。他鼓动对德国发起复仇，联合保王势力和沙文主义的爱国者联盟，企图成为一个独裁者。他利用民众对共和派政府的不满，离开军界投身政界，1888提出修改宪法、解散议会，得到反政府各派的支持。全国出现了崇拜布朗热的热潮，他在1月27日的巴黎选举中得票很高，试图通过合法选举取得政权，但后来成立的共和国政府以阴谋颠覆国家罪起诉他，他在流亡中自杀。——译注

13.盎格鲁-撒克逊是盎格鲁（Angles）和撒克逊（Saxons）这两个部落结合的民族，通常用来形容5世纪初迁移到英国大不列颠东部和南部地区，在语言、种族上相近的民族。——译注

14.1870年7月13日,法国驻普鲁士大使在普鲁士国王威廉一世的疗养地埃姆斯温泉拜访国王,威廉一世把会谈内容发电报给俾斯麦首相,俾斯麦看过电文后,删去"还可在柏林从长计议"一句,在结尾加上了一些刺激法国的话,如"国王陛下以后可拒见法国大使"。电文在报纸上发表后,法国民众一片哗然。7月19日,被激怒的拿破仑三世向普鲁士宣战。普法战争就此爆发。——译注

15.1885年,冯子材率兵取得镇南关大捷,歼敌二千余人,紧接着又取得了谅山大捷。法国茹费理内阁因此倒台。——译注

16.群体常常盲目相信不着边际的事,经历过巴黎围困的人见过很多这样的例子。楼上点了一支蜡烛都会被当作是发给围城者的一个信号。可只要稍微动动脑筋就会明白,在几公里开外,攻城者绝对不可能看见蜡烛的光亮。——原注

17.圣乔治(Saint George,260—303),罗马骑兵军官,曾试图阻止对基督徒的迫害,303年被杀。494年被教皇格拉修一世封圣。——译注

18.见《闪电》,1895年4月21日。——原注

19.色当战役发生在1870年9月1日普法战争时期。普军和法军在法国东北部城市色当进行了一次大战,最后法军战败,普军俘虏了拿破仑三世及其麾下的军队,虽然普军仍需与新成立的法国政府作战,但此战决定了普法战争中普鲁士及其盟军的胜利。——译注

20.难道我们真的知道战斗是怎么发生的吗,哪怕是一场?我深表怀疑。我们知道谁是战胜者谁是战败者,但也许仅此而已。哈库尔先生参与并见证了索尔菲里诺战役,他所讲述的这个例子可用于所有的战役。"将军们(当然,他们向数十名参战者了解过情况)递交了正式报告,负责转交报告的军官作了修改,撰写了终稿。参谋长提出异议,重新写了报告。报告被呈送给元帅,元帅大叫起来:'一派胡

言！'他自己写了一份报告，这份报告已与最初的报告没有任何相似之处。"讲述此事是为了证明，哪怕是最明显、看得最清楚的事情，我们也难以弄清其真相。——原注

21.赫拉克利特（Hercule，约前540—前470），古希腊哲学家，著有《论自然》一书，现存130多个残篇，以形象的比喻讲述深奥的辩证法。他认为火是万物的本原，万物由火而生，又复归于火。——译注

22.穆罕默德（Muhammad，570—632），政治家、宗教领袖，穆斯林认可的伊斯兰先知，被认为是安拉派到人间的最后一位使者。伊斯兰教教徒之间俗称"穆圣"即由此来。——译注

23.圣德肋撒（Saint Thérèse，1873—1897），法国著名的天主教修女。——译注

24.赫拉克勒斯（Heracles），希腊神话中最著名的英雄之一，主神宙斯与阿尔克墨涅之子，因其出身而受到宙斯的妻子赫拉的憎恶。他力大无穷，后来完成了12项被誉为"不可能完成"的伟绩而获永生。除此之外，他还解救了被缚的普罗米修斯，隐瞒身份参加了伊阿宋的英雄冒险队，协助取得了金羊毛。——译注

25.此事告诉我们，为什么有的剧本被所有的剧院经理拒绝，后来偶然上演，竟获得了巨大的成功。大家都知道，十年来，科佩（François Copée，1842—1908，法国右翼作家，著有剧本《过客》和诗集《卑微者》。——译注）先生的剧本《为了荣誉》被无数剧团拒绝过，尽管作者已有些名气。被拒的《夏雷的教母》最后在一个股票经纪人的资助下被搬上了舞台，结果在法国演了两百场，在英国演了一千多场。剧院经理在思想上不能代替观众，如果不指出这一点，就无法解释为什么这些非常专业、小心翼翼、生怕犯下如此大错的人竟然会作出如此错误的判断。这个问题我们无法在此展开，但值得既

懂戏剧又懂心理学的人好好研究，比如说萨尔塞先生。——原注

26.恺撒（Caesar，前100-前44），即恺撒大帝，罗马共和国（今地中海沿岸等地区）末期杰出的军事统帅、政治家。他出身贵族，历任财务官、祭司长、大法官、执政官、监察官、独裁官等职。公元前60年与庞培、克拉苏秘密结成前三头同盟，随后出任高卢总督，在8年的时间里征服了高卢全境（今法国、比利时一带），还袭击了日耳曼和不列颠。公元前49年，他率军占领罗马，打败庞培，集大权于一身，实行独裁统治，制定了《儒略历》。公元前44年遭到以布鲁图所领导的元老院成员暗杀身亡。恺撒死后，其甥孙及养子屋大维击败安东尼，建立罗马帝国，并成为第一位帝国皇帝。——译注

27.1792年9月，巴黎群众冲入监狱，杀死大量被囚禁的贵族和僧侣，史称"九月惨案"。——译注

28.1559年法国国王亨利二世去世后，遗孀卡特琳·德·美第奇搬出亡夫居住的卢浮宫，另建新宫。1564年，她决定在卢浮宫西面约250米远的地方修建宫殿。"杜伊勒里"的名字来于该处的一座石灰窑。——译注

29.指1894年出版的《民族演化的心理规律》。——译注

30.孛儿只斤·铁木真（1162-1227），蒙古帝国可汗，尊号"成吉思汗"，意为"拥有海洋四方"，杰出的政治家、军事家，生于漠北草原斡难河上游地区（今蒙古国肯特省），取名铁木真。1206年春天建立蒙古汗国，此后多次发动对外征服战争，征服地域西达中亚、东欧的黑海海滨。——译注

31.帖木儿（1336-1405），帖木儿帝国的奠基人，帖木儿帝国开国君主（1370年至1405年在位），出身于突厥化的蒙古巴鲁剌思氏部落，打败了西亚、南亚和中亚的其他国家，他的孙子乌鲁伯格在

1411年至1449年统治中亚，曾孙巴卑尔建立了蒙兀儿帝国，此帝国在1526年至1857年统治南亚约四个世纪。——译注

32.马克·安东尼（Marcus Antonius，约前82—前30），古罗马政治家和军事家。恺撒最重要的统帅和财政官。恺撒被刺后，他与奥古斯都（即屋大维）和李必达一起组成了后三头同盟，后与奥古斯都不和，同盟分裂。前30年，安东尼自杀身亡。——译注

33.费斯泰尔·德·朗库热（Fustel de Coulanges，1830—1889），法国著名历史学家和社会学家，代表作为《古代城邦——古希腊罗马祭祀、权利和政制研究》。——译注

34.费奥多尔·米哈伊洛维奇·陀思妥耶夫斯基（1821—1881），19世纪俄国文坛享有世界声誉的小说家，也是俄国文学史上最复杂、最矛盾的作家之一，主要作品有《罪与罚》《白痴》等。——译注

35.毕希纳（Ludwig Buchner，1824—1889），德国医生和哲学家，庸俗唯物主义和无神论的代表人物，参加过德国1848-1849年革命，属于小资产阶级民主派的极左翼，代表作有《力与物质》。——译注

36.莫勒斯霍特（Jacobus Albertus Willebrordus Moleschott，1822—1893），荷兰哲学家和心理学家。——译注

37.1572年，天主教会在圣巴托罗缪日策划了针对法国胡格诺派的大规模屠杀。据称当日巴黎城的钟都同时敲响，发出了大屠杀的暗号。屠杀持续了三天三夜，后从巴黎扩散到其他城市。这场残酷镇压胡格诺派教徒的事件，是历史上最残暴的罪行之一，死难者在7万到10万人之间。——译注

38.恐怖时期又称雅各宾专政时期，指法国大革命时期的1793年

至1794年,即由罗伯斯庇尔领导的雅各宾派统治法国的这段时期。雅各宾派为激进的共和主义派,在1793年的起义中战胜温和的共和主义派,夺得政权。雅各宾派执政时期推行恐怖政策,把有嫌疑的反革命分子送上断头台,严格限制物价。这一时期有数千人被杀。——译注

39.马克西米连·罗伯斯庇尔（Maximilien Robespierre, 1758—1794）,法国政治家,法国大革命时期重要人物,雅各宾革命政府的实际首脑之一,出生于律师家庭,是卢梭的信徒,曾任律师和法官,1789年当选第三等级的代表参加三级会议,加入雅各宾派,在制宪会议中,反对国王、贵族和大资产阶级。1792年8月起义后,选入巴黎市政府和国民公会,坚决主张处死国王路易十六,抗击普鲁士和奥地利的武装干涉。1793年5月起义后,领导雅各宾派政府,颁布1793年宪法,摧毁封建土地所有制,规定最高限价,实行革命的恐怖政策,平息吉伦特派的叛乱,粉碎欧洲各国的武装干涉。1794年7月27日在热月政变中被捕,次日被国民公会送上断头台处决。——译注

40.乔治·雅克·丹东（Georges Jacques Danton, 1759—1794）,法国政治家、法国大革命时期的政治领袖和活动家,雅各宾派的主要领导人之一,1792年9月选入国会公会,成为山岳派领袖之一。在外敌入侵时,他发表了著名演说,赞成审判和处死国王,倡议建立革命法庭和救国委员会,镇压内外敌人。1793年6月,雅各宾派取得革命政权后,丹东反对革命恐怖政策和普遍限价政策,提倡宽大和人道,主张宽容反革命分子,对外与英国议和,逐渐变成右派,与罗伯斯庇尔发生分歧,最后被排挤出救国委员会。1794年3月30日,他被救国委员会逮捕,4月5日被送上断头台。——译注

41.安托万·路易·德·圣茹斯特（Antoine Louis de Saint-Just, 1767—1794）,雅各宾专政时期领袖,公安委员会最年轻的成员,由于美貌与冷酷,被称为"恐怖的大天使"或"革命的大天使"。1791年出版《革命与法国宪法》一书,成为革命阵营中的青年理论家,也是著名演说家,最有名的是1792年8月10日要求将路易十六处死的演

说。热月政变后,圣茹斯特还来不及发表最后的演说,便与罗伯斯庇尔一起被送上断头台。——译注

42.指作者的《民族演化的心理规律》。——译注

43.这种说法现在还非常新鲜,没有它,历史就不可理喻。在上一本著作(《民族演化的心理规律》中,我花了四章来谈这个问题。读者在那本书中可以看到,尽管表象会让人误会,但无论是语言、宗教还是艺术,一句话,文明的任何因素,都不可能原封不动地从一个民族传到另一个民族。——原注

44.泰纳所引用的国民议会旧议员富克罗瓦的报告在这一点上讲得很清楚:"到处都可以看到人们上教堂,星期天还做礼拜,这表明大多数法国人还是想回到旧习惯中去,抵制这种全民倾向是不合时宜的……大众需要宗教、礼拜仪式和神甫。以为教育普及到一定程度就能消灭宗教偏见,这是当代哲学家犯的一个错误,我自己也犯过这个错误。对于许多不幸者来说,那是一种安慰……所以应该让广大民众有自己的神甫、祭坛和礼拜仪式。——原注

45.指用地质学方法测定的时代。地质时代可分太古代、元古代、古生代、中生代和新生代五个时期。——译注

46.勃朗峰为阿尔卑斯山最高峰,海拔4810米,位于意大利和法国交界处,为西欧第一高峰。——译注

47.欧内斯特·拉维斯(Ernest Lavisse, 1842—1922),法国历史学家,实证主义历史学创始人。——译注

48.这是连最激进的共和党人都承认的,甚至包括美国的共和党人。美国报纸《论坛》最近明确表达了这一观点,我在此引用其原话。据1894年12月的《评论之评论》:"人们永远不应该忘记,甚至

包括最强烈的反对封建制度的人,今日的英国是世界上最民主的国家,个人的权利最受尊重,拥有的自由也最多。"——原注

49.麦考莱(Thomas Macaulay,1800—1859),英国著名历史学家和政治家,自由党人,曾任下院议员,著有《英国史》五卷。——译注

50.如果我们研究一下法国各党派之间严重的宗教和政治分歧,尤其是种族问题,研究一下在法国大革命时期就已经出现、法德战争后期重新冒出来的分裂主义倾向,我们就会看到,存在于我们这块土地上的各个种族,离融合还远得很。大革命建立了强大的集权,人为地设立一些部门以便把旧省合并起来,这显然是它最大的成绩。像今天很多缺乏远见的人所说的那样,如果分而治之,国家很快就会走向血腥和混乱。除非完全忘了我们的历史,否则不会看不见这一点。——原注

51.赫伯特·斯宾塞(Herbert Spencer,1820—1903),英国哲学家,"社会达尔文主义之父",他把"适者生存"这一进化理论应用在社会学、教育及阶级斗争。他的著作对很多学科,如宗教、政治、修辞、生物和心理学等都有贡献。——译注

52.布雷亚尔(Bréal)疑为布吕尔(Lucien Lévy-Bruhl,1857—1939),法国哲学家、社会学家和人类学家,主要著作有《伦理学和道德学》《原始时代的神秘与象征经验》等。他对人类原始思维方式的研究对后来的结构主义的文化人类学家和荣格学派影响很大。——译注

53.朱尔·西蒙(Jules Simon,1814—1896),法国哲学家、政治家,1870年战争之后为临时政府公共教育部长,他曾说:"没有中立的学校,因为每个教员都有自己的宗教或哲学观点。"——译注

54.6世纪形成的法兰克王国，前者为西法兰克王国，后者为东法兰克王国。——译注

55.这并不是拉丁民族特有的现象。在中国也存在这一现象，这个国家也被强大的官僚等级制度所统治。如同在我们国家一样，这种官职是通过竞争得来的，唯一的考试是要熟练背诵厚厚的教科书。今天，大量失业的文人在中国被当作是国家的巨大灾难，在印度也同样。自从英国人在那里开办学校起——不是像在英国那样注重德育，而仅仅是为了教当地人知识——文人的特权等级就形成了，一旦不能找到工作，他们就成了英国当局最凶恶的敌人。在所有的文人身上，不管他们有没有工作，这种纯智育教育的第一个后果就是大大降低了他们的道德水准。这一事实我在《印度的文明》中着重强调过。所有访问过大半岛的作者也发现了这一点。——原注

56.见泰纳《现代政体》，第二卷，1894年版。——这几乎是泰纳留下的最后文字，它精辟地概括了这位大哲学家长期体验的结果。不幸的是，我觉得没有在国外待过的大学老师会完全看不懂。教育是我们拥有的唯一能够略为影响民族心智的方式。法国几乎没有一个人明白，我们现存的教育制度是造成社会迅速衰败的一个巨大原因，它不是提升年轻人，反而让他们堕落，走向邪恶，这太让人伤心了。

把泰纳的这几页文字与保尔·布尔热先生（Paul Bourget，1852—1935，法国作家、文论家，第一次世界大战之前保守派的文人代表，主张恢复君主制。代表作有《当代心理学文集》。——译注）最近在他的著作《海外》中所写的关于美国教育的观点作一比较会很说明问题。布尔热先生也发现，我们的教育制度只培养出一些无政府主义者或狭隘的中产阶级，他们没有主动性和创造性，没有自己的愿望，"这两类人都是文明的灾难，只会说一些平淡无奇、缺乏力量的话，做一些具有破坏性的疯狂举动"。作者把法国的中学、让人智力退化的工厂和出色地培养学生走向社会的美国学校作了比较，清楚地表明，在真正民主的民主与只把民主挂在口头而没有让其深入人心的民族之间，存在着巨大的鸿沟。——原注

57.斯芬克司（Sphinx），希腊神话中的狮身人面怪兽，它盘踞在道路上，向过路的行人出一个谜语，谁答不出来就吃掉谁。传说俄狄浦斯答对了题，斯芬克司因此自杀。——译注

58.胡夫，希腊语中称其为奇阿普斯（Cheops），埃及古王国时期的一位法老。他的统治期从大约公元前2589年至公元前2566年，是埃及第四王朝的第二位法老。一般认为胡夫修建了古代世界七大奇迹之一的吉萨大金字塔，即胡夫金字塔，这是埃及远古修建的最大一座金字塔，也是已知最大的石结构建筑。胡夫的全名是"荷努姆-胡夫"，意为"荷努姆神保佑我（胡夫）"。——译注

59.伟大的孔代，即路易·孔代二世（Condé Louis II, 1621—1686），孔代这个姓氏是法国波旁王室的主要支系之一，这里所说的大孔代，是一个军事将领，曾发动叛乱反对王室，失利后逃亡西班牙。——译注

60.达荷美王国是西非埃维族在17世纪建立的封建国家。这是一个高度集权的国家，国王不受任何政治集团的控制，可以决定王位继承人、选拔和委派官员，并拥有最高司法权，可以惩处高级官员。——译注

61.我在《民族演化的心理规律》中用很大篇幅讨论了拉丁民族理想的民主和盎格鲁—撒克逊理想的民主之间的区别。保尔·布尔热先生也根据他的多次旅行经验，用自己的方式，在最近出版的《海外》中，得出了和我差不多的结论。——原注

62.达尼埃尔·雷苏埃（Daniel Lesueur）语。——原注

63.在这种情况下，公众舆论是由各种不同的东西粗粗拼凑起来的，我前面已经说了它们是怎么形成的。我们当时的国民卫队是由一些爱好和平的店主组成的，他们毫无纪律观念，不能把他们当真。所

有取类似名字的组织都会唤起同样的形象，因此被当作是没有危险性的。群体所犯的错误，他们的领导人也会犯，这种情况在舆论方面很常见。某政治家，即梯也尔先生，经常人云亦云，从不会先提出自己的看法。M. E.奥利维埃在最近一本书中引用了1876年12月31日他在议会所作的演说，他一再说，普鲁士现役军队的人数跟我们差不多，除此之外，只拥有类似我们的国民自卫军的部队，所以没什么了不起的。同样是这个政客，谈起铁路的前景时也这样断然无疑。——原注

64.关于影响群体的技巧和逻辑规则在这方面的弱势，我最早的发现要追溯到巴黎围困时期，有一天，我看见V元帅被带到当时政府所在地卢浮宫……愤怒的人群声称他把防御工事的地图出卖给了普鲁士人。内阁成员G. P.是个很著名的演说家，出来向要求立即处死元帅的群众作解释。我以为这个演说家会指责说，这完全是一派胡言，元帅本人就是这些工事的建造者之一，而那些地图随便什么书店都能买到。但让我大吃一惊的是——我那时还很年轻——他完全不这样说。"我们会秉公执法！"演说家走到被抓住的元帅旁边，大声地说，"法律无情。让国防政府（普法战争期间，法兰西失败后于1870—1871年组成的临时政府。——译注）来接替你们调查吧！在这之前，我们得先把他关起来。"大家马上就安静下来，显然非常满意，纷纷散去。一刻钟之后，元帅就可以回家了。如果那个演说家跟愤怒的群众讲年纪轻轻的我觉得很有说服力的道理，他极有可能会被暴打一顿。——原注

65.这里指的是耶稣。耶稣一家居住在古巴勒斯坦的加利利地区。他是木匠的儿子，自己也当过木匠。——译注

66.遁世彼得（Pierre L'Hermite，约1050—1115），又称"亚眠的隐士彼得"，天主教僧侣及演说家，1096年曾率平民十字军前往耶路撒冷，后被基利杰阿尔斯兰一世的塞尔柱军队所击败；马丁·路德（Martin Luther，1483—1546），德国神学家，16世纪欧洲宗教改革倡导者，基督教新教路德宗创始人；萨伏那洛拉（Girolamo Savonarola，

1452—1498），意大利修士，是一个颇受争议的人物，有人说他是圣人，也有人说他是宗教狂热分子，反对文艺复兴艺术和哲学，焚烧艺术品和非宗教类书籍，毁灭被他认为不道德的奢侈品。——译注

67.内伊（Michel Ney，1769—1801），埃尔欣格公爵，莫斯科亲王，法兰西第一帝国元帅，曾在拿破仑一世被流放之前（即1814年），要求拿破仑退位，并接受了路易十八的封号。但在拿破仑1815年重回法国时，他在士兵都归顺拿破仑的情况下，跪着向皇帝求情。1815年在滑铁卢战役中，他担任战场指挥，但严重缺乏战术，致使步兵炮兵缺乏配合，最后法军大败，同年12月，他被波旁王朝枪毙。穆拉（Murat Joachim，1676—1815），法国元帅，那不勒斯国王，拿破仑手下的杰出将领。加里波第（Garibaldi Giuseppe，1807—1882），意大利革命家，民族主义运动领袖，游击专家，对意大利统一有杰出贡献，被认为是意大利建国三杰之一，曾在南美和欧洲作战，富有军事冒险主义精神，被认为是"两个世界的英雄"。——译注

68.圣保罗（Saint Paul，约3-约67），基督徒的第一代领导人，基督教历史中最重要的人物之一，天主教会将他奉为圣品，正教会将他与圣彼得并列。——译注

69.克里斯托弗·哥伦布（Christopher Columbus，1451—1506），意大利航海家、探险家，相信大地球形说，认为从欧洲西航可达东方的印度。在西班牙女皇的支持下，先后4次出海远航，开辟了横渡大西洋到美洲的航路。——译注

70.斐迪南·玛利·维孔特·德·雷赛布（Ferdinand Marie Vicomte de Lesseps，1805—1894），法国外交官、实业家，著名的苏伊士运河即由他主持开凿。这一工程使其名留天下。1884年，他当选为法兰西学院院士，后来又被任命为巴拿马运河公司总经理，主持开凿巴拿马运河工程。但那时的雷塞布已经年过古稀，工程进展得很不顺利，1889年公司最终破产，雷塞布因此被判刑5年。1893年，最高法院对

他进行了特赦。——译注

71.见《人与社会》，居斯塔夫·勒庞，第二卷，116页，1881年版。——原注

72.唐豪塞（Tanhauser），13世纪德国诗人，后成为民间传说中的人物。此处应指瓦格纳的三幕歌剧，1845年在德雷斯顿皇家剧院首次演出。歌剧力图表现肉体之爱和精神之爱之间不可调和的矛盾，"赎罪"思想贯穿始终。整部歌剧以音乐的方式来叙述故事，李斯特称它是"根据歌剧剧情而写的交响诗"。该剧同时也反映了当时德国知识界追求感情自由的真实思想感情。——译注

73.勒南（Ernest Renan，1823—1892），19世纪法国著名思想家，对哲学、宗教和史学都有很深的研究，主要著作有《耶稣传》《道德和批判文集》《法国的君主立宪制》等。——译注

74.布莱士·帕斯卡尔（Blaise Pascal，1623—1662），法国数学家、物理学家、哲学家、散文家，代表作为《思想录》。——译注

75.头衔、绶带和制服对群体的影响在许多国家都存在，甚至在个人独立意识最强的国家也不例外。我在这里引用一段很有意思的话，选自最近出版的一本书，是一个游客写的关于英国某些名人所享有的声望：

"我在许多场合发现，接触或看见某个英国贵族，会让最理智的英国人都感到欣喜若狂。

"只要生存状况能让他不失身份，他们没见到他之前就喜欢上他了，见到他以后会心甘情愿地忍受他身上的一切。看到他走过来时，他们会满脸通红，如果他跟他们说话，他们的脸会因喜悦而涨得更红，眼中闪耀着平时难得一见的光芒。可以说，他们觉得自己身上也流淌着贵族的血，就像西班牙人天生会舞蹈，德国人天生懂音乐，法国人天生爱革命一样。他们对马和莎士比亚都没那么喜欢，从中得到

的满足感和自豪感也没这么强。《贵族头衔手册》畅销得很，不管你走得多远，都能在大家手中看到，就像《圣经》一样。"——原注

76. 保尔·巴拉斯（Paul Barras，1755—1829），法国大革命期间督政府中最有权势的人物，身材魁梧，善于辞令。他非常赏识拿破仑。——译注

77. 1793年10月3日（法兰西共和历葡月12日）法国发生"葡月暴动"，热月党派巴拉斯指挥镇压叛军。巴拉斯大胆任用拿破仑·波拿巴将军作为前敌指挥。拿破仑调来大炮配合作战，仅用几个小时便粉碎了叛乱。这次战役充分显露了拿破仑的军事指挥才能，使他获得了"葡月将军"的称号。——译注

78. 拿破仑很清楚自己的声望，懂得像对待下人一样对待他身边的大人物，可以增加自己的威信。而在那些人当中，有许多是让整个欧洲都闻风丧胆的国民公会议员。当时有不少关于这方面的趣事。一天，议会开会的时候，拿破仑像对待一个没有文化的跟班一样粗暴对待博格诺。效果产生后，他走到博格诺身边，说：'哎，你这个大笨蛋，找到自己的脑子了？'听到这话，高大得像军乐队队长的博格诺低下头来。小个子抬起手，揪住那个大个子的耳朵。'这是让人心醉的宠爱信号，'博格诺写道，'是人性的主子的亲昵动作'"。这样的例子能让大家对声望如何让人变得奴颜婢膝有了一个清楚的概念，也让人明白了大独裁者对身边的人是多么蔑视，不过是把他们当作炮灰罢了。——原注

79. 达武，原文为Davoust，疑为路易·尼古拉·达武（Louis Nicolas d'Avout，1770—1823），法国政治家、元帅，拿破仑的名将之一。于格斯·贝纳尔·马雷（Hugues Bernard Maret），法国政治家，先后担任过拿破仑的国务秘书和外交大臣等要职。——译注

80. 厄尔巴岛位于意大利托斯卡纳地区，在第勒尼安海和利古里

亚海之间，是托斯卡纳群岛的主岛，也是仅次于撒丁岛和西西里岛的意大利第三大岛。根据1814年签订的枫丹白露条约，拿破仑一世被流放至此。——译注

81. 即夏尔·路易-拿破仑·波拿巴（Charles Louis Napoléon Bonaparte，1808—1873），拿破仑三世，法兰西第二共和国总统，法兰西第二帝国皇帝，荷兰国王路易·波拿巴与奥坦丝·德博阿尔内王后之幼子，1848年当选法兰西第二共和国总统，次年称帝，建立法兰西第二帝国，1870年发动普法战争，在色当会战中惨败，9月4日宣布退位。1873年病逝英国。——译注

82. 一份外国报纸——维也纳的《新自由报》对雷赛布的命运有非常到位的心理分析，所以我在此引用如下：

"判决了费迪南·德·雷赛布之后，人们对克里斯多弗·哥伦布的悲惨命运就不必感到惊讶了。如果说费迪南·德·雷赛布是个骗子，那么所有的高贵幻想都有罪。要是在古代，人们可能会把荣誉的光环罩在雷赛布身上，让他喝奥林匹斯山的仙露，因为他改变了大地的面貌，完成了壮举，让世界变得更加完美。判了费迪南·德·雷赛布，法庭庭长也在历史上留名了，因为人们总是在问，是谁不怕贬低自己的时代，让一个堪做时代楷模的老人穿上了囚服。

"以后，在官僚仇视大胆的壮举的地方，就不要跟我们说什么法律无情。民族需要这些大胆的人，他们很自信，冲破重重障碍，丝毫不考虑个人的得失。天才不可能是小心翼翼的，如果总那么谨小慎微，人类的活动范围就永远无法扩大。

"费迪南·德·雷赛布有过胜利的狂欢，也尝到了失望的痛苦：苏伊士运河和巴拿马运河。在此，良心对成功引出的道德教训进行了反抗。当费迪南·德·雷赛布连接两个大洋，王室和国家向他致敬；今天，他被科迪雷拉斯（位于巴拿马地区——译注）的岩石战败了，便成了一个无耻的骗子……在这上面，社会各阶级发生了斗争，官僚及其雇员对想出人头地的人大为不满，用刑法进行报复……面对人类精英的这种伟大思想，现代立法者感到一筹莫展，公

众就更不明白了。对一个代理检察长来说,证明斯坦利(比利时著名探险家——译注)是个凶手、雷赛布是个骗子,是件非常容易的事情。"——原注

83.摩洛克,古代腓尼基人信奉的火神,信徒常常将儿童活活烧死,向他献祭。——译注

84.我指的是哲学上的野蛮。实际上,它创造了一种全新的文明,在1500年中,让人类瞥见了他们梦中迷人的天堂和久违的希望。——原注

85.提比略·克劳狄乌斯·尼禄(Tiberius Claudius Nero,前42—37),罗马帝国的第二任皇帝,14年—37年在位。他继承由奥古斯都(屋大维)缔造的帝国,借由联姻关系,成为史学家所称的朱里亚·克劳狄王朝的继承人。提比略个性深沉严苛,执政之后并不受到臣民的普遍喜爱。执政后期,由于党派之间的斗争,使得他采用残暴的手段对付政敌。——译注

86.让-保尔·马拉(Jean-Paul Marat,1743—1793),法国大革命时期著名活动家和政论家,雅各宾派领袖之一。他原本是一名医生,法国大革命爆发后,弃医从政,创办《人民之友》,批评《人权宣言》。1790年参加科尔得利俱乐部并成为领导者之一。1792年9月,马拉当选国民公会代表,1793年5月参与起义推翻吉伦特派统治,建立雅各宾专政。1793年7月13日马拉被吉伦特派的女刺客夏绿蒂·科黛刺杀身亡,终年50岁。——译注

87.索邦(La Sorbonne)为巴黎大学前身,13世纪由法王路易九世身旁的神甫罗贝尔·索邦所创的神学院。巴黎大学成立后,变成巴黎大学中的一个学院,"索邦"亦成为巴黎大学的代名词。——译注

88.从这个观点来看,正式的官方教授写的书中有些地方十分奇

怪，表明我们的大学教育根本没有培养出什么批评精神。我引用索邦大学历史教授韩波在《法国大革命》一书中的几行话为例：

"攻占巴士底狱不但是法国历史，而且是整个欧洲历史中的一个巅峰事件，它开创了世界历史的一个新时代！"

至于罗伯斯庇尔，我们在书中愕然读到："他的专制主要体现在观点、说服力、道德权威和说服别人的方式。这就像教皇的权位落到了一个有德行的人手里。"（91页和220页）——原注

89.赫利奥加巴卢斯（Heliogabalus，约203－222），即埃拉伽巴路斯，或译埃拉加巴卢斯（Elagabalus），罗马帝国塞维鲁王朝皇帝，218年－222年在位。他是罗马帝国建立以来第一位出生自帝国东方——叙利亚——的皇帝。卡拉卡拉遇刺身亡后，东方军团拥立这位有塞维鲁王族血统的少年继位。赫利奥加巴卢斯提倡他个人所信仰的太阳神崇拜，并将帝国东方华靡奢侈的宫廷风味带入罗马，引发臣民强烈的不满，222年，在他祖母尤利亚·玛伊莎所策划的一场阴谋中被刺身亡。——译注

90.巴士底狱是14世纪为防止英国人进攻而在巴黎所建的一座军事城堡，随着巴黎市区不断扩大，巴士底狱后来失去了防御外敌的作用。18世纪末，法国国王在里面驻扎了大量军队，并关押了许多政治犯，伏尔泰便在此坐过牢，不少民众把巴士底监狱当作是法国王权专制独裁的象征。——译注

91.指巴黎的阿巴耶奥布瓦女修院（Abbaye-aux-Bois），大革命时期曾用来关押犯人。1640年建，1907年拆。19世纪雷卡米埃夫人居住在那里时，夏多布里昂常去拜访。——译注

92.拉福尔克（La Force），多尔多涅省市镇，属贝尔热拉克区的拉福尔克县。——译注

93.1871年3月18日，巴黎的无产阶级和广大人民群众举行武装起

义，推翻资产阶级政权。以梯也尔为首的"国防政府"逃亡至凡尔赛。3月26日，起义者进行选举，两天后成立巴黎公社，这是一个工人阶级的革命政府。3月29日，政府颁布法令，宣布巴黎公社为唯一合法政权，同时废除资产阶级后备军，建立人民武装，废除议会制，建立立法行政合一的公社委员会。这是人类历史上第一个无产阶级政权。——译注

94.顺便提一下，陪审团都本能地把罪行分为对社会有危险和无危险两类，这种分法并不是完全没有道理。刑法的目的显然是应该保护社会不受到危险犯人的伤害，而不是报复社会。然而，我们的法典，尤其是法官的思想，仍深受旧法律的复仇精神的影响，判决（拉丁文原文vindicta的意思是"复仇"）这个词现在还天天挂在人们的口头上。许多法官拒绝执行贝朗热法就证明了这种倾向，该法规定，被告只有再次犯罪才会被判罪。然而，每一个法官都知道（因为有统计数字证明），判了一次之后，罪行肯定还会重犯。而当法官放了一个被判有罪的人，他总是觉得没有为社会报仇。所以，他宁愿制造一个危险的重犯，也不能不为社会伸张正义。——原注

95.事实上，法官是行动不受任何监督的唯一行政者。民主的法国尽管经过了种种革命，仍没有拥有英国人如此骄傲的《人身保护法》。我们驱逐了所有的暴君，但每个城市都有一个随意决定公民荣耀与自由的法官。一个小小的预审法官，刚刚从法律学校里出来，就拥有令人愤怒的权力，他只要怀疑谁有可能犯罪，无需向任何人说明理由，就可以送谁进监狱，哪怕是最优秀的公民。他可以以预审为名，把被怀疑对象关上半年或一年以后再释放，不负任何责任，既没有赔偿也没有道歉。传票的威力跟国王的赦令差不多，唯一的区别是受到猛烈抨击的旧制的赦令，过去只有很显赫的人物才弄得到，而今天的传票却是每个公民都能拿到，包括那些根本不能算是最有学识、最具独立精神的人。——原注

96.1873年2月，西班牙国王阿梅迪奥为应对国内的混乱局面，

宣布主动退位。同一天，王宫议会宣布成立共和国（史称第一共和国）。共和主义者建立的西班牙第一共和国只存在了一年时间，保皇派发动政变，迎回女王伊丽莎白二世之子阿方索十二世，波旁王朝得以复辟。——译注

97.让-阿勒曼（Jean Allemane，1843—1935），法国工会成员、政治家，创办社会主义革命工人党，又称阿勒曼党，鼓吹以革命的方式进行总罢工。——译注

98.委员会，不管他们取什么名字，俱乐部、工会，等等，也许都是最可怕、最危险的集体权力。事实上，这是一种最非个人化的所以也是最具压迫力的专制形式。领导委员会的人往往被认为是代表集体说话做事，所以不负任何责任，什么事都可以做。最残酷的暴君也不敢奢望能得到革命委员会所赋予的那么大的权力。巴拉斯说，他们曾定期勒索国民议会，干掉了不少议员。罗伯斯庇尔只要还能代表民众，就拥有至高无上的权力，而当这个可怕的独裁者由于骄傲自夸而离开民众时，他便一文不值了。群体的统治，就是委员会的统治，也就是说是某些领导人的统治。无法想象还有比他们更残酷的暴政了。——原注

99.路易十四（Louis XIV，1638—1715），全名路易·迪厄多内·波旁（Louis-Dieudonne），自号太阳王，是法国波旁王朝著名的国王（1643年5月14日—1715年9月1日在位）。他十四五岁即位，由他的母亲奥地利的安娜摄政，首相马萨林掌控实权，直到1661年马萨林死他才真正亲政，开始逐渐强化中央集权，剥夺贵族的特权，摧毁法官的政治势力，直接向地方派遣司法、治安和财政监督官。他集大权于一身，在法国建立了君主专制王国，称霸欧洲，到处侵略扩张，曾发动对西班牙和荷兰的一系列战争。——译注

100.亚历克西·德·托克维尔（Alexis de Tocqueville，1805—1859），法国政治社会学家、政治思想家及历史学家，代表作有

《论美国的民主》和《旧制度与大革命》（L'Ancien Régime et la Révolution，1856），在这两本书里，他探讨了西方社会中民主、平等与自由之间的关系，并思考了平等观念的崛起在个人与社会之间产生的摩擦。——译注

101.吉伦特派（Girondin），法国大革命时期立法大会和国民公会中的一个政治派别，主要代表当时信奉自由主义的法国工商业资产阶级。该派著名的活动人士包括雅克·皮埃尔·布里索、孔多塞侯爵、罗兰夫妇、皮埃尔·维克杜尼昂·韦尼奥、玛格丽特-埃利·加代、阿尔芒·让索内等人。吉伦特派的名字来源于以上最后三人的家乡吉伦特省，但这个名字是直到1847年法国作家拉马丁的畅销书《吉伦特派史》出版之后才开始流行。1791年6月法国国王路易十六出逃事件发生后，随着王室和贵族的反革命立场逐渐暴露，吉伦特派脱离了君主立宪派，开始激烈抨击国王，主张建立共和体制，并不惜与周边支持国内贵族反叛的国家开战，企图推翻君主制。1792年春，刚刚组阁的吉伦特派即对奥地利宣战。然而，战争却因国王路易十六和其他反革命势力的暗中破坏而遭到失败。1792年8月10日，愤怒的巴黎群众攻占王宫，迫使立法议会宣布国王停职，9月22日，吉伦特派掌握了法兰西第一共和国的大权，开始打击封建势力，实行经济自由政策，打压和迫害雅各宾派活动家。1793年5月31日，巴黎人民起义推翻了吉伦特派的统治，31名吉伦特派领袖被捕。10月，其中10人被送上断头台。热月政变后，吉伦特派残余势力重新回到国民公会，成为热月党人的骨干力量。——译注

102.山岳派（La Montagne）是法国大革命时期一个激进派政党。由罗伯斯庇尔与丹东为首，与吉伦特派为敌。因为山岳党的成员都坐在议厅最左侧的高台上，故得此名。现形容激进人士为左派即因此而来。1792年秋，山岳派是作为国民公会中较温和的吉伦特派的反对者出现的，由巴黎和其他城市选出的代表组成，得到小资产阶级和无裤党的支持，并与巴黎的雅各宾俱乐部关系密切。1793年，吉伦特派被推翻后，山岳派主政国民公会，并在救国委员会中占大多数，实际上统治

了法国。热月政变后，山岳派人士不是被处决，就是被清除出国民公会。他们在国民公会中成为少数派，失去了政治影响。——译注

103.热月党人（Thermidorien）原是反罗伯斯庇尔的各派人物的暂时结合，并无统一纲领。他们代表在革命中形成的资产阶级暴发户的利益，执政后实行的主要是原丹东派的主张。他们废除雅各宾派限制和打击资产阶级的政策，查封雅各宾俱乐部，使资产阶级摆脱了恐怖时期的束缚，并于1794年处死雅各宾派领导人罗伯斯庇尔，开始了热月党统治时期。——译注

104.狄摩西尼（Demosthenes，前384—前322），古希腊伟大的政治家、演说家和雄辩家，希腊联军统帅。公元前351年初，他发表《第一篇反腓力辞》，号召雅典人掌握自己的命运，以抵抗外来侵略、以保卫希腊为己任。作为演说家，狄摩西尼的演讲辞简洁流畅，说理明白，谴责力强，气势猛烈，犹如排山倒海。——译注

105.关于这些事先就已明确、不会因选举的需要而改变的主张，英国一个老议员的这一想法也许很适用："我在威斯敏斯特坐了50年，听过的演说不下千场，它们很少能改变我的看法，也没有一场改变我的投票。"——原注

106.维克多·雨果（Victor Hugo，1802—1885），法国浪漫主义文学代表作家，人道主义的代表人物，被誉为"法兰西的莎士比亚"，一生写过多部诗歌、小说、剧本、各种散文和文艺评论及政论文章，在法国及世界有着广泛的影响力，代表作有《巴黎圣母院》和《悲惨世界》等。雨果曾任上院议员，1848年革命后任共和国议会代表。1851年拿破仑三世称帝，他奋起反抗而被迫流亡国外长达19年。1870年拿破仑三世被推翻后，他返回巴黎。——译注

107.费里克斯·比亚（Félix Pyat，1810—1889），法国记者、剧作家、政治家，国会议员，巴黎公社重要人物之一，竭力倡导激进思

想。——译注

108.埃德加·基内（Edgar Quinet，1803—1875），法国历史学家，19世纪重要的思想家之一，教权主义激烈的反对者，1848年当选为议会议员，呼吁政教彻底分离。——译注

109.阿尔封斯·德·拉马丁（Alphonse de Lamartine，1790—1869），法国19世纪浪漫派抒情诗人，浪漫主义文学的前驱和代表人物，同时也是一个杰出的社会活动家和职业政治家。法国大革命时，他因保卫路易十六而被捕。波旁王朝复辟后入王家禁卫军，拿破仑百日统治时流亡瑞士，路易十八第二次复辟后回巴黎，进入上流社会，1825年至1828年间在法国驻意大利使馆工作，1829年被选为法兰西学院院士，1830年七月革命后转向资产阶级自由派，1848年二月革命后为临时政府实际上的首脑，因在总统选举中败给拿破仑三世，退出政坛，潜心文学创作。——译注

110.阿道夫·梯也尔（Adolphe Thiers，1797—1877），法国政治家、历史学家，早年当过律师和新闻记者，著有多卷本《法国革命史》，参与创办《国民报》，主张实行英国式的议会制，提倡出版自由。七月革命后，他先后担任内阁大臣、首相、外交大臣、立宪议会议员、国民议会议员等职，1871年—1873年，任法兰西第三共和国首任总统。——译注

111.梅因（Maine，1822—1888），19世纪英国著名法学家，历史法学派在英国的代表人物和集大成者，著作颇丰，主要著作有《古代法》《古代法律史》；曾担任王室法官，1862年至1869年在印度担任总督府参事室参事，协助编纂印度法典，曾任牛津大学法理学主讲人、牛津大学三人学院院长。——译注

112.德穆兰（1760—1794），法国著名记者、政治家和演说家，法国大革命期间作为山岳派成员，赞成共和制，主张处死国王，后在

政见上与罗伯斯庇尔发生分歧,被送上断头台。——译注

113.1895年4月6日出版的《经济学人》对一年中纯粹出于选举的原因,主要是因修建铁路而支出的款项进行了有趣的回顾。为了把高山小镇朗加耶(3000居民)与普伊连接起来,议会表决通过耗资1500万法郎修建铁路。连接博蒙(3500居民)与卡斯特尔—萨拉森,要花700万法郎;连接乌斯特的村庄(523人)与塞克斯的村庄(1200人),要花700万法郎;连接普拉德与奥雷特的小镇(747人),要花600万法郎,等等。仅在1895年,就表决通过投资9000万法郎,修建完全是为了地方利益的铁路。出于选举方面的考虑,在其他方面花的钱也不更少。据财政部长说,关于工人退休的法律很快就要让国家每年支付至少1.65亿法郎,而据院士勒卢瓦—博里厄的说法,需要8个亿法郎。显然,此类支出的持续增长,结果肯定会引起破产。欧洲的许多国家,葡萄牙、希腊、西班牙、土耳其就已经走到这一步了;其他国家,比如意大利,也很快就要步其后尘。不过,用不着太担心,因为各国没遇到太大的阻力,就让大家同意减少五分之四的票息。这种巧妙的破产会让出了大问题的财政预算暂时恢复平衡。而且,战争、社会主义、经济斗争正酝酿着别的灾难,我们已经进入普遍瓦解的阶段。过一天算一天吧,别太担心我们见不到的未来。——原注

居斯塔夫·勒庞

Gustave Le Bon（1841－1931）

法国社会心理学家、社会学家，以其对于群体心理的研究而闻名，
被后人誉为"群体社会的马基雅维利"。
勒庞在19世纪与20世纪之交写下了一系列心理学著作，
如《各民族进化的心理学规律》、《法国大革命和革命心理学》、《战争心理学》等，
其中以《乌合之众》（Psychologie des foules）最为著名。

胡小跃

1961年出生，浙江人，往返于深圳和巴黎。
法语译审，中国翻译家协会专家会员，全国法国文学研究会理事，中国作家协会会员。
主要译著有《孤独与沉思》《六个道德故事》《巴黎的忧郁》等。
2002年被法国文化部授予"文艺骑士"荣誉勋章，2010年获第二届傅雷翻译奖。

乌合之众

作者_[法]勒庞　译者_胡小跃

产品经理_黄迪音　装帧设计_肖雯　产品总监_李佳婕
技术编辑_顾逸飞　责任印制_梁拥军　出品人_许文婷

营销团队_毛婷 阮班欢

果麦
www.guomai.cn

以微小的力量推动文明

图书在版编目（CIP）数据

乌合之众 /（法）勒庞著；胡小跃译. -- 杭州：浙江文艺出版社，2015.6（2024.12重印）
ISBN 978-7-5339-4196-3

Ⅰ.①乌… Ⅱ.①勒… ②胡… Ⅲ.①群众心理学—研究 Ⅳ.①C912.64

中国版本图书馆CIP数据核字(2015)第060437号

乌合之众

[法] 居斯塔夫·勒庞 著
胡小跃 译

责任编辑　　金荣良
特约编辑　　黄迪音
封面设计　　肖　雯

出版发行	浙江文艺出版社
地　　址	杭州市环城北路177号15楼　邮编　310003
经　　销	浙江省新华书店集团有限公司
	果麦文化传媒股份有限公司
印　　刷	河北鹏润印刷有限公司
开　　本	880毫米×1230毫米　1/32
字　　数	120千字
印　　张	7.125
印　　数	420,601-425,600
版　　次	2015年6月第1版　2024年12月第52次印刷
书　　号	ISBN 978-7-5339-4196-3
定　　价	39.00元

版权所有　侵权必究
如发现印装质量问题，请联系调换。电话：021-64386496